政治・環境・経済の研究誌

［吉本隆明が語る戦後55年］

●別巻

高度資本主義国家

国家を超える場所

三交社

CONTENTS

吉本隆明

国家と言語──『ハイ・イメージ論』を語る

聞き手：山本哲士

高度資本主義国家論
――非国家的場所政治の出現

山本哲士

CONTENTS

吉本 隆明

国家と言語――『ハイ・イメージ論』を語る

聞き手▼山本哲士

収録▼1＝二〇〇二年一月二十五日　2＝同年二月二十二日

1　都市の変貌と超資本主義

■ハイ・イメージ論の基本的な軸

山本　今、吉本さんの『ハイ・イメージ論』を踏まえて、僕なりに「高度資本主義国家論」をまとめています。全体の構成としては、第一部で情報化による高度化とはいったい何であるかを扱い、第二部でそれを可能にする基盤システムとなったサービス経済を高度産業サービス国家という形で、とくに輸送の公共化と国家マネー化を扱い、第三部で国家言語として言語を編成していくあり方を扱う、というものです。

情報とサービスと言語という三つの領域から、高度資本主義国家の問題を捉えなければならないと思いました。

高度資本主義については、これまでに情報理論やボードリヤールなどにはじまる消費社会論があるわけです。しかしながら僕の目から見ると、吉本さんの『ハイ・イメージ論』が提起した問題が世界の最高度の遺産としてあり、そこのところを欧米の論者たちが論じきれていません。論じきれないのはなぜかというと、大きく二つポイントがあると思います。

一つは、前から吉本さんがおっしゃっているように、先端性の究極は前古代的な状況を照らし出す、あるいは前古代的なイメージが、次の近未来的な世界を描き出す、そういう軸をとったものが世界的に皆無だということです。

もう一つは、吉本さんが、徹底的に生産が消費である、消費が生産であるという、マルクスの基本的なタームを絶対に外さないで、拡張論という形で、言語に価値論の問題を拡張していったり、イメージのところにそれを拡張していったりする、そういう軸の取り方が他の論者にはないということです。

あらためて『ハイ・イメージ論』を読み返してみて、この二つが、ポストモダニズムなどの欧米の論者たちが論じきれないで見失った、あるいは気づかない、基本的な軸になっていることが見えてきました。吉本さんは『ハイ・イメージ論』は『共同幻想論』の現在版だとおっしゃっていますが、共同幻想という問題設定、そして心的な疎外はイメージ／像の疎外の問題設定につながると思いますが、自己表出という問題設定、そういう非常に原理的な視点が背景に強固にあって展開されています。

一般的に書物は、意味の連鎖において意味がつかめる形で論が構成されているといえますが、『ハイ・イメージ論』は意図的にか意識的にか、何か散らすように書かれている感じがして、正直、最初読んだ時はつかみどころがなかったんです。それで、自分で編集したらどうなるかと全部構成し直してみました。

そうしますと、まず現在論として、像としての世界都市論があり、エコノミー論があり、消費論がある、という形になります。これらの現在論で、高度化とはいったい何であるかということを問題設定している。その次に第二に、都市論・空間論という一連の作業がなされていて、並列して文学の作品を扱いイメージをつかんでいく、という形がとられています。その次が原理論で、ここが一番難しいところですが、形態論、拡張論、幾何論、自然論になります。ここのところで盛んに原理的な格闘がなされています。そして最後に前古代論で、地図論、連結論、表音転移論になります。

このように並べ替えてみますと、ある種の意味の連鎖といいますか、組み立てがなされているようにも思います。かなり意図的に散らされたのか、つまり最初から構成案があってそうされたのでしょうか、あるいは連載しながら「今度はこのテーマでいこう」というようにやられたのでしょうか。

吉本　最初に、こういう問題とこういう問題とこういう問題がある、という全体的なイメージはありましたが、その場その場で引き延ばしたり省略したりして、相当拡散したまんまという感じですね。総体的なイメージはあったんですが、あまりはっきりとではなく、再構成すれば細部まできっちりできているというようには、なっていないように思います。

ただ、非常に明瞭なことが一つありました。それは今でも明瞭なことですが、産業の高度化にともないビルがより高層化していくだろうということです。

■高層ビル化と産業の発達の度合いの関係

吉本　『ハイ・イメージ論』を書こうとしたころ（一九八〇年代半ば）、ちょうど日本の建築の専門会社が共同で企画したビルがあったんです。一五〇階ぐらいのビルの中に一〇万から一五万の人たちが暮らせる生活基盤をもって、消費的な産業を主体とする産業活動を行なうというものです。宿泊も娯楽も食事もすべてがまかなえ、中都市を一つのビルの中に全部包括させてしまうっていう設計なんです。確か新聞か雑誌に二つほど公表されていました。下の階のほうでは雨が降っている最中で雲が低くまで垂れこめていて、上層のほうは雲の上のほうに出ちゃうという絵柄で描かれていました。

それで明瞭なことは、第二次産業の工業が大部分を占めていて、あとは農業や漁業の自然産業がいくらかあるという段階では、製造業の会社が本社として四、五階とか七、八階のビルを持てばいいわけで、そんなに高層のものはいらないということです。

日本で高層ビルは、一九六八年に三六階の霞ヶ関ビルができて、以後四十何階という高層ビルが、都心部に近い盛り場的な人の集合するところとか皇居の周りとか、新宿副都心などに次々にできていきました。なぜ高層ビルが必要なのかといったら、本社の事務的なことや命令系統を主管するようなことだけではなく、仕事がだんだん高度に複雑化し広がっていって、各企業がそのための場所が欲しいというようになるからです。そうすると、ビルの高さとか大きさは、産業の発達の度合いで決まってくるといえるのではないか。そういうイメージが明瞭にありました。

僕は当時の四十何階という高層ビルを実際に見て回ったこともあって、だいたいそういうイメージは固まっていたんですが、そのころ、もっと高層のビルが必要だという話が出ていました。サービス業を含めた第三次産業のビルは小型であるほどいい。製品としても小型化が要求されますし、製造工場みたいに大きな場所を占める必要はありませんから、本社だけだったら別に高層ビルはいらないわけです。しかし製造業もサービス業も含めて、全部一つのビルの中に入れてしまう、さらに宿泊施設から娯楽施設まで全部その中に入れてしまう、住居も入れてしまう、というふうになって、いきおい高層になっていくんです。

そのころはまだ今でいえば中層なんでしょうが、四〇階か五〇階あれば間に合っていて、その程度のビルがいたるところにできつつありました。それで見て回りますと、事務スペースだけではなくて、宿泊所やスポーツセンターや食堂なんかが入っているんです。娯楽、運動、食事などが全部一つのビルの中へ入っていて、かなりよくできていました。ビルによると、プールが四十何階の高層にできていたり、屋上がゴルフ練習場になっていたりというのもありました。

その延長線で第三次的な産業、サービス業などが主体になってくれば、もっと高層なビルになっていくだろうとそのときに思いました。そのころ、建築会社が一五〇階とか二〇〇階のビルのモデルの設計図を出していまして、これで中都市を形成するんだという建築家のコメントを読んだんです。

そういうことから、第三次産業が主体になっていけば、いきおい、高層ビルがますます高くなっていって、四十何階ではなくて百何階というようになるだろう、それはビルが高層ビルからスーパー高層ビルに変わっていき、都市が超都市、スーパー都市に変わっていく要因になるだろうと思いました。それは明瞭なイメージとしてありました。

一ビルが一都市だという考え方は、そのころもそうでしたが、今でもあまりピンと来ませんね。ビルはビルだよっていう感じがあるでしょう。働きに行くときだけそこに行って、仕事が終われば帰ってくる、それがビルじゃないかという感じがあります。第二次産業、つまり製造業、工業までの段階だったら、工場が大きくなって、空間をたくさん占めて拡大されれば、生産量も拡大していくというイメージになります。しかし第三次産業のビルになると、製品自体が小型であるほどいいというように、イメージを変えないとならないわけです。そのようにイメージを変えていくと、第三次産業主体になっていけば、工場はたくさんの空間を要しないけれど、宿泊施設から娯楽施設までをビルの中に入れて、それだけで一都市のようにならざるを得ません。ようするに、製造する空間は小さくなればなるほどいいし、装置も小さくなればなるほど便利で、それらを高層ビルの中に集合させて全体化し、それで一都市になっていくというイメージになるわけです。

自然産業、つまり農業や漁業を行なう農村・漁村から、第二次産業としての工業、毛織業や織物業などが独立して工場をつくり、その周辺に住居を集合させていくというのが都市のはじまりなわけです。そういう意味では、都市というのは第二次産業が主体というところまでで切れてしまいます。

その後に続く第三次産業は、歴史的な段階としては一番高度な段階なんですが、機械的に段階を設定することはできません。第三次産業は、そのまま農業や漁業などの第一次産業に適用されたり、それ自体で第二次産業の工業になったりしますから、歴史的な段階はもはや設定できなくなります。それが一番の要因となって、第三次産業が増えていくと高層ビルはますます高層化していくことになるわけです。

■都市のイメージの変貌と想像的視線の加担

吉本　高層ビルの中にすべてが入って一都市になりますと、そういう都市と都市をどうやって連絡するかという問題が出てきます。それは最高層の部分と部分あるいは屋上と屋上をつなげるブリッジみたいな形でやるか、あるいは地下を通って連結させるというイメージになるでしょう。そうなりますと、第二次産業主体の都市の道路は、上に行くか下に行くかということになり、地上的な意味はもたなくなるだろうという想定ができます。

そういうことがかなり明瞭にそのときにわかりましたし、そういうことが都市のイメージを変貌させてしまうだろうと考えました。

　どう都市のイメージが変貌するかというと、一つは密集ということです。ビルとビルの間が離れていて、その間に車が通れる広い道路があってそれで連絡しているということがなくなり、地上か地下で連絡するとなると、ビルとビルの距離がきわめて接近したものとなります。そうすると、そこで視線の変貌が起こります。

　第二次産業主体のときまでだったら、こちらのビルの窓から道路を隔てて向こうの隣のビルの窓を見る、見られるという関係です。それが、連結は道路ではなくて地上か地下になり、ビルとビルがほとんど接触してしまうと、普通なら一視野の中に入らないはずの物が一緒に見えてしまう。つまり、本来ならいくつかの視野を集めないと、こういうふうにはならないはずだという光景が一視野の中で見えてしまいます。

　たとえば今でも、こちらのビルの窓から見ると、向こうのビルの中で働いている人の姿が、動いている様子まで見えてしまいます。そして、さらにその向こうのビルのほうへ視線をやると、ＪＲの電車が通っているのが見えてしまう。近いところだと、電車の中にいる人の動きまでが見えてしまう。そのように、一視野ではこんな光景はあり得なかったという光景が見えてしまいます。ビルとビルが接近し、道路が道路ではなくて空間であるだけになってきたところでは、そういうふうに、これまでは複数の視野でなくては見えなかったはずの光景が見えてくるわけです。

　それで僕が考えたことは、一視野で幾視野もが重なっているようになっているこの視野は、どういう考え方をすればわかりやすくなるか、ということでした。こういう光景が、三次元に近いわかりやすい空間のように見えているということは、どう考えたらいいかということです。

　これはとても簡単なことで、三次元的な視線に対して、もう一次元上からの視線が加わっている、極端にいえば真上からもう一つ、想像の視線を加えて同時に見ているという考えをすればいいんです。つまり四次元的に見えているということが設定できる。そう設定すれば、一視野の中に幾視野も入っている風景というのは、簡単に理論づけることができると考えたんです。

　この視野はいかにも不可思議な視野で、人間の一視野でこんな複雑な光景は見えるはずない、こんな奥行きのある光景が見えるはずがない、それが見えているということは、どんなに奥行きがあろうと、真上からの視線をもう一つ加えれば、理論的に全部いえてしまうと考えたわけです。これが『ハイ・イメージ論』の大きな原理になりました。

仮想の一次元を加えて四次元になる、つまり仮想の視線が現実の視線と同時に行使されてイメージが高度化する。そう考えていくと、都市が高度になっていく、産業も高度な消費産業としてのサービス業、通信、交通などの発達によって、視覚や聴覚を拡張する装置が生み出されて高度になっていく。そこでは、三次元的な視線と真上からの視線が別々にではなくて同時に行使されている。そういうイメージがつくれれば、それで理論的には解釈できます。

都市の外観的な役割、都市の中の建物の役割、道路の役割が変貌していき、産業が高度化していく。そういう流れから一ビル一都市という事態に近づいていく。一都市としての一ビルの中には、高崎クラスのターミナル駅がある地方都市、一〇万から二〇万ぐらいの人口が入ります。そういうふうに都市は変貌していくだろう。その一都市が、中都市規模からやがては大都市規模にまでなるかもしれません。

■『銀河鉄道の夜』の四次元的描写

吉本 もう少し拡大して、文学でいいますと、普通の小説はみんな三次元小説なんですよ。つまり、登場人物が道路を歩いてここへ行った、ここへ行ってだれだれと会って、こういう事態が生じてという具合に、三次元で物語が展開されます。でも時々ですが、四次元小説といっていいような、つまり上からの視線がないとこれはちょっと書けない、こういう描写はできないはずだというものがあるんです。

そういう四次元小説の典型として僕が『ハイ・イメージ論』のなかで取り上げたのは、宮澤賢治の小説です。たとえば『銀河鉄道の夜』です。この小説はかなり不可思議な印象を与えるものですが、この不可思議さはいったい何なのか、この世とあの世がつながっているみたいな描写は、どういう文体でどういうふうに書いたからこうなるのかと考えたんです。

ジョバンニという主人公の少年とその友だちのカムパネルラが、銀河鉄道の途中でとても景色がいい駅があって、「降りてみようよ」ということになって二人で降りるわけです。宮澤賢治の描写によれば、二人が列車から降りて歩いていくと、そこに天の川が流れている。それは水ではなくて水素の流れで、それを一人が手で掬うと、水素の淀みみたいなのが手にまとわりついて光りながら零れ落ちる。もう一人はその行為を眺めている。そういう二人が会話をしている、という描写があるんです。

ここはよく読みますと、こういうことは不可能なはずだ、こういう描写は不可能なはずだと思えます。普通の小説だったら、水素の流れを手で掬っている人物とその側でそれを見ている人物が会話をしているところの描写があり、二人が会話を交わしている周りはこうなっていたという描写がある、というようになります。そんなふうに普通だったら三次元で描写するわけです。

その二つ以外には描写が不可能なはずなんですが、宮澤賢治ですと、もう一つ列車からの、二人が降りた列車は停まっているわけですが、その列車と同じところからの視線が加わっているんです。その視線が通っていないと、二人が天の川の流れのところで動作をしたり会話をしている様子を全体的に描写するのは不可能なはずです。

普通なら、もう一つの視線が加わらずに三次元の描写になってしまいます。二人が側にいて、一人は水素の流れを掬いながら、もう一人はそれを見ながら、二人で会話しているという描写、そしてその周りはこうなっているという描写だったら、それは少しも不思議ではないし、普通の小説でもいくらでもあるわけです。ところが、二人が側にいて会話をしていて、一人が天の川を手で掬っていて、もう一人がそれを見ていて、それで二人の周りには天の川がこう流れていて……という広範囲な描写、全体的な描写というのは、もう一つの視線がないと不可能なはずです。その視線は想像の視線なんですが、文章では書くことができますから、結局は四次元的な視線による描写になっているんです。

これは、第三次産業主体の超高層ビルができたときに、それはどういう考え方に還元すれば理論的に押さえられるかという、都市理論の問題と同じ問題なんですね。『銀河鉄道の夜』は、現世のことをいってるかと思ったら、一度死んでしまった者が登場してきて、どこかの駅で降りていったりという描写をやっていますから、この世とあの世がつながっているみたいに全体がなってるんです。ですから、これはどうしても視線を一つ増やした描写をしていると考えたんです。

僕がよく知ってる日本の小説ですと、島尾敏雄のある種の小説はそれをひとりでにやっています。何かちょっと、超現実的な小説だなという感じにさせられるものですが、単に超現実的な小説ならば、わりあいにモダンなことをやりたい人たちは、そういうのを書いているわけで、それならば別段驚くにはあたりません。しかし島尾敏雄では、超現実的な描写と現実系の描写とが地続きにくっついているんです。こういうのは、探せばあるのかもしれませんが、めったにないんです。

再びいいますと、真上の無限遠点からの視線というのを、想像的にイメージで三次元の視線と同時に行使できれば、宮澤賢治や島尾敏雄が描写するような光景は成り立ちます。文学作品としていいものかどうかは別にして、高度かそうじゃないかという意味でいうと、そういうのが一番高度だといえます。つまり、もう一つだけ描写の次元が多いんです。高度さということをいえば、一番高度なテクニックですね。そういう小説がたまにあるんです。

芸術的にいいかどうかとはまた別で、そういう高度な視野の表現があります。普通の小説だったら、人間が三次元的に見ている以上のことは描写しない。それをすると、余計なことをしているということになる。つまり、地の文と作者が直接説明している文は、同じ次元にあるのが近代小説で、近代小説はもうそこで終わりだといえばいいと思います。もう一つ次元を加えるというのは、視線ということでいえば、それが最も高度なもので、そこが限度だろうなと思います。そういうことが、僕のなかでは都市論と結びついたわけなんです。

■線の曲がり具合や高低によって音楽は表せる

吉本　高度という問題でもう一つ結びついたのは、音楽で音符の上下はこうなっているから、こういうメロディーになってる、それは心理的にこういう哀調を帯びて聴こえるんだとかということは、いったいどう考えればいいのかということです。自分でよくわからないから、なおさらなんですが、僕みたいな音痴が音楽を聴くと、ただのっぺらぼうで、ただ勘で「これはいい」とか「これはあんまりよくない」とかいってるだけなんです。なぜいいと感じるのか、悪いと感じるのか、僕にはわからないことなんですが、音楽というのはいいとか悪いとかいうことでいいのかというと、どうもそうでもないみたいな気がするんですね。

たとえば『荒城の月』という歌があります。これはわりあいに易しい歌だから、自分で歌っても、そんなに音を外さないで歌えるように思えます。またベートーヴェンの交響曲を聴いて、何となくいいなと思います。そうすると、この二つはどう違うんだということになります。それで、ベートーヴェンなんていらないじゃないか、『荒城の月』的なものがあればいいじゃないかとなってもいいはずなのに、そういうのには満足できなくて、高度な交響曲みたいのがいいという人がいるわけです。とくに音楽をよく知っている人が、これはこうだからいいんだみたいなことをいったりします。

そうすると音楽では、メロディーとしてだれが聴いたっていいんだという意味の「いい・悪い」というのと、高度なもので玄人筋というか、かなりの愛好者じゃないといいというのはわからない、そういう意味の「いい・悪い」という両方があるように思うんです。そういうのはいったい何だみたいなことがあるわけです。

それで僕は音痴だから、音符の高低をこういうふうに並べたから、これはこうなった、ここはいい、ここここの音符の間がこう空いているからだとか、そういう説明ができないわけです。そうすると、僕の場合はのっぺらぼうになってしまって、線の曲がり具合と上下で音楽というのは表現できると考えられないかと思うわけです。高度化の問題を音楽についても関連づけたいわけですが、音痴だからそういうやり方をするしかしょうがないんです。

文学者には、音楽もわりあいよく聴いていて好きだという人が多いんですが、なかには音痴の文学者もいて、すごいなと思うのはカフカという作家です。この人の小説は何とも不可解で不可思議だという感じを与えるんですが、短篇小説の中で、自分は音痴だとあからさまに示してしまっている小説があるんです。

その小説では、野良犬の集団が都会の道路をあちこちさまよいながら吠えている描写をしているんです。それは、犬が前足を出してお尻を立て、首を上げて音もなく吠えているという、そういう描写なんです。姿勢からして明らかに吠えているんですが、全然音は発していない。頭の上げ方とか、口の開き方を見れば、これは吠えてるんだとわかるけれども音が聞こえない。でも明らかに吠えてるんだという、そういう描写をしているところがあります。

それで「ああ、この人は音痴なんだな、音が聴こえなくても、そういう姿勢を犬がしてたら、これは吠えてることなんだという理解の仕方は、そのためなんだな」と思ったことがあるんです。それは、音符の流れや連鎖で音を描写しなくても、音なんか聴こえなくても、犬の姿勢や口の開け方なんかで、ものすごく吠えてるということが描けてしまうということですね。そういう描写の仕方をしているということは、この人は結局、音として高度なのかどうかで音楽のいい悪いを聴き分けてはいなくて、音ではない何か他のもので音楽を聴き分けることしかできない人なんだろうなと思ったんです。

この人は音が耳で聴こえなくても音楽は理解できる、理解というよりも想像できるということをいっているんだろうと思いました。そういうことでも、音符なんてわからなくても、音符で描写するんじゃなくても、線の曲がり具合とか高低によっても音楽は表せるんじゃないかと考えたんです。

■映像的な仮想空間の原理

吉本　都市論から入っていろいろなことが関連してくると、都市が高度化していくことと産業が第二次産業以上になっていくこととは、どこかで対応がつけられるという考え方になっていったわけです。そのときに、そういうことをできるだけ多様な分野でやってみようと考えたと思います。基本的には簡単なことで、視線、視野の問題でやれると思ったということです。

もう一つ、一九八五年につくば市で開かれた科学万博に行かなければ、そういうことは考えなかったかもしれない、ということがあります。

科学万博の富士通館で、会場の椅子に腰掛けて映像を見たんですが、あたかも自分が映像と同じ空間の中にいて、映像と一緒に動きながらそれを見ていると錯覚させられたわけです。そう錯覚させる原理、原則はわかっていて、上からの視線というのを想像すればできるんですが、うまくやっていたのは富士通館一つだけでした。

どうすればいいかというと、舞台があったり道具があったりという会場の生の現実が見えないようにすればいいんです。視野のすべてに映像が広がっているようにすると、自分がその映像と同じ次元の中に入っていて、三次元で動いているものがいかにも本当に自分のほうへやってくるみたいに見えるんです。

ようするに、生の一次元を削り取って、三次元のところでだけ見ているようにやればいいわけです。富士通館以外では、ちょっと視線を逸らすと、生の現実が見えちゃうんです。会場係が立っていたりするのが見えちゃうものですから、その途端に自分は映像の外に出てしまって、映画と同じように映像を見ているようになっちゃうんです。

映像を媒介にしたコミュニケーションを考えたり、そういう装置を考えたりしている人たちは、そうした錯覚をうまく応用しています。それをバーチャルな空間といってるわけですが、そういう人たちは生の空間を消せばこうなるとか、もう一つ視線があると想像できればこうなるということが、原則的によくわかっているんじゃないでしょうか。

■古代的なものの先へ遡れれば未来のことも見通せる

吉本　ハイ・イメージというのは、現在と現在以降の一種の共同幻想なわけで、それを考えていこうとすることは、逆に過去を古代のほうに遡った先の共同幻想を考えていこうとすることに等しいんだというのが僕の考えです。『共同幻想論』のときには、一番古い文学作品で古代的な共同幻想を辿ればよいと考えていたわけですが、『ハイ・イメージ論』では、共同幻想はもう少し以前にまで拡張できると考えました。そこではもはや民族語は成り立ちません。といっても、人類がみな同じ言語を話していたというわけではないんですが、もうそこまでいけば民族語という形では取り出せないというあたりまでは、遡って辿ることはできるのではないか、ということです。

まず言葉の問題からそこを辿ることができます。あとは、これはあまりあてにならないんですが、考古学者が地面を掘り返して、人工的な窪みがあると、ここに柱があったとか、ここに池があったとかやる辿り方があります。古代にはここに櫓があって、ここに柱があって、ここに何があってと、考古学者の想像力で当時の家屋などを再現することをやっています。普通一般に考えられている遺物から遡れる限度、人間くさい跡が残ってるのは、日本でいえば弥生時代とか縄文時代までですね。

しかしそれは、そう想像されるということであって、本当にそうだったかどうかは、まるでわかりません。本当のところはわからないけれども、わかる限度というのはどこかにある。その限度までは、都市の問題でも、文明、文化の問題でも、あるところまでは行けるだろう。その遡れる限度には、より想像力を継ぎ足したり、視野を継ぎ足したりしていけば、行くことができるだろう。

そこまで行けることがいろいろな意味で可能であれば、これから先のことでも、相当程度は行ける、見られる、見通せるという考え方になっていきます。

でも、言葉もそう行けるかというとなかなか行けないんです。もしそれができれば、過去を想像することも、これから先のことを想像することもできるし、マルクスみたいに思い切って、無階級社会みたいなことを見通したんだというい方をしてもいいわけでしょう。でもそれは想像力というよりむしろ空想力といったほうがいいんで、ちっともあてにはなりません。本当のところはわかりはしないわけです。

ただ、われわれは資料とか知識とかいろいろな経験とか、そういうものを合わせて、一般的に考えられている古代的なもの、古典的なもの、あるいは原始的なものよりも、もう少し遡ることはできるということです。そして、これから先のことについて、かなりな程度正確にいえるということが、同じ方法論で照応するはずだということは考えられます。

日本語についての優秀な古典学者を、江戸時代でいえば本居宣長になります。本居宣長の『古事記伝』を読みますと、これは正確な推論だと思えるほどよくできていますね。そのほかに江戸時代では、儒学者の荻生徂徠が仮定の推論がわりあいによくできている相当大きな学者だといえます

それでも、時代がだんだん下るにつれて、知識も増え、経験も増え、証拠も増えてきますから、宣長が考えているよりは、もう少し先まで推定、推論を正確にできるといえるように思います。今の国文学者だったら、だいたい宣長が推論したくらいのことは、自分でちゃんと推論できるはずなんです。

でも、僕がいいたいのはそういうことではなくて、一般的に専門家の限度はこうだと考えて、それより先へ行けるはずだということができれば、未来についてもいえるはずだということです。つまり、いきなり無階級社会とかいって、現在との間がどうなるのか全然わからないみたいな意味ではなくて、これはいかにもそれらしいぞという形で、未来のことをよく見通せることになるんじゃないか。それは同じ方法でやれるんじゃないかと考えていったわけです。

未来について「来年はこうなる」みたいなことじゃなくて、もう少し桁違いの未来まで推論がちゃんと及ぶということが、うまくできないかと考えたわけです。

■「産業革命」への評価軸のないマルクス

吉本　ところで、一般的には蒸気機関の発明が産業革命の源をなしているといわれているわけですが、マルクスは一度もそういうことをいわないんです。産業革命ということすらいいません。僕はそのへんがずっと気に掛かっていました。

今でいえば、パソコンができて、インターネットができて、交通の便利と同時に、次元的な違いを同時に連結できるようになったということです。これは大変なことだと一般には理解されています。確かに大変なことだと思います。そういう装置が産業として成り立つようになって、大部分がその周辺の企業に勤めて職業とするみたいになった。これは一種の産業革命だといえばそういえるでしょう。

でも別な見方からすると、これは人間の感覚器官を補助し、拡大するための装置が発明されて、それがだんだん高度になっていったということであり、わざわざ人間の視野が格段に拡大されて便利になったといわなくてもいい、またいってもそんなに意味がない。あまり人間の本体には関係なくて、本体が何かをするときに便利になったとか、早くなったとか、そういうことにしか過ぎないので、どうってことはないと、僕なんかは一方では思いたいわけなんです。

僕だって便利になって恩恵を受けていることは間違いありません。だけど、八時間働けばいいのに、一〇時間分ぐらい働かせられちゃったということは、今でもありうるわけです。つまり両方があるんです。これは大変なことだ、これがどういうふうに発達していくか、もう一つ進んだ産業革命といえばいえるということと、いや、こういうことはあまり大した問題でもない、大騒ぎするほどのことはないといえばいえちゃう。そういう両方が僕にはあります。つまり、片方に寄せたくないみたいなことがあるんです。

マルクスは徹底して産業革命ということをいいません。それで悪いことばっかりいっているわけです。つまり、企業家がこそこそ個人個人でやってるよりも、会社でやればたくさん利益が得られるから、大いにそれを拡張、膨張させようとするんだ。それで労働者に対しては、八時間労働だといいながら、残業させたりして、もっと働かせようとする。そこで問題になってくるのは、工場から出る煙なんかで空気が汚されるという問題だ。そのため、イギリスとくにロンドンのような大都市では、労働者の肺結核が増えてしょうがない。こんなことを構わずに推し進めているのはけしからん、みたいなことばっかりいうわけです。ちっとも便利になったとはいわないんですが、本当はとても便利になっているわけです。だけど、それをいわないで、そういう悪い面だけしかマルクスはいわない。

そのかわり、マルクスではっきりしていることは、そうなっているからといって人は関係ないんだということです。つまり、企業家や資本家がとくに悪党だからそういうことになったんだとはいいません。産業のシステムの担い手としては、相当の悪口をいっていますが、この人が悪いからこうだとか、そういうことは一切関係ない、別に人格がどうだということではないんだと、とわざわざ断っています。

マルクスなら、今でもたぶん、便利になってよくなったとはいわないだろうと思います。でも、実際問題とすると、ずいぶん便利になっているわけです。個人としても、ずいぶんいいことがたくさんある。わざわざ遠くまで出向かなきゃ話もできなかったのに、家にいたまま相手の顔を見ながら話ができるようになったとか。そんなふうに便利になっていいじゃないか、おかげでずいぶん利益を受けてるじゃないかといえば、その通りだと思います。

マルクスはそのように個人が利益を受けているということについては何もいわない。個々の人がどうだということについてはまったくいわないんですね。ただ、過酷に働かせられるもんだから、病気が増えている、肺結核が増えている、そういうマイナス点だけを強調しているわけです。

■とてつもない産業の革新と同時に進む第三次産業病

吉本　マルクスの時代のマイナス点は、結核とか肉体に障害を受ける問題でしたが、今だったらそれは頭、精神になりますね。全面的に精神がおかしいなら、病院へ行けばいい、入院すればいいってなりますが、そうではなくて、何時間かはおかしいけれど、何時間かはおかしくない、何かをやっているときにはおかしいけれど、それ以外ではおかしくない、そういう精神状態に陥っている人がとても増えています。歳を取っている人では即座にそうなるとか、急速にそうなるということはあまりありませんが、僕らの子どもくらいの世代では、そういう人が三分の一から四分の一はいるんじゃないでしょうか。まるでおかしいかといえばそんなことはない、だけどいやに脆弱だなという人は、かなりいるように感じます。

それは結局、第三次産業病なんですね。便利になって結構なことだということと同時に、個人個人はいろいろなマイナス面をもって、そういうふうになっちゃっている。だから僕は、さっきいったように両方強調したいと思うわけです。だけど、テレビを見ていると、やっぱり片一方だけしか強調されていませんね。僕もそうですが、文学者で昔ながらの鉛筆や万年筆で原稿を書いてる年代の人は、「俺はパソコンなんてものは全然使わない」って、面倒がってそういうことを平気でいいますね。

若い文学者は逆に、インターネットで俺の小説を読んでるやつと質疑応答をやっているんだって、自慢気にいう人がいます。質疑応答したいんなら、ライブでもやったら生のままできるんだから、やればいいじゃないか、それだけのことじゃないかと思うんですが、何か過剰にいいもんだ、すごいもんだと思い込んでいるところがあります。

ようするに、過去のことも、これから先に発展するだろう現在のことも、ある範囲でのことでしかないんです。お年寄りのほうもそうだと思いますが、インターネットで読者とコンタクトできたことがよほどすごいことだと思っている若い人も、そんなことはやろうと思えば、インターネットなんかない時代でも、体を動かしゃできたことじゃないかということです。

確かに便利になりました。わざわざ会場まで行かなくても済むからいいとか、そのくらいのところで止めておきゃいいのに、村上龍や島田雅彦とかは何かすごいことを俺はやってるみたいにいう。そういうのに対しては、僕は何となく反動的になって、どうぞ何でもご自由にしてくださいよってなっちゃうんです。

情報科学の専門者とか情報工学者みたいな人も、そういうふうにいえって関連の企業あたりからいわれるんだと思うんですが、便利になってすごいということばかりいうんです。よしてくださいよっていいたくなっちゃいますね。

■生産と消費の背景を正確に調べることの重要性

吉本　そこのところは、損なこともあるし得なこともあるさって済ましちゃっていますが、本当は消費と生産ということできちんと突っ込んで、はっきりさせておかなくてはいけないと思います。たとえば、アルバイトの学生さんでも使って、京都のハイテク産業でできた製品が、何月何日にできてどこへ行ったか、小売店でお客さんがその製品を買ったのは何月何日かということをきちんと調べれば、生産から消費のほうに回っていく期間はこれだけだということがわかるはずです。そういう調査を厳密にやって、この製品についてはこれだけかかる、あの製品についてはこれだけかかるというように、生産が消費に変わるのにこれだけの時間のずれがあるということを、主な物についてはやっておかないといけないんですね。

そういう背景なしに、なにしろすごいんだとか、とてつもない産業革命が起きているんだとかいっているのは、きわめてよくないことだと思います。

僕らの世代でも、きちんとした背景を調べなかったために、まずかったなあと思うことがあります。もはや遅いなあと反省するしかないんですが、それは戦後間もなく、三年か四年経ったころ、丸山（真男）学派の人たちが天皇制ファシズムとか、戦前の日本はファシズム国家だったとかいうことを平気でいい出したということなんです。だけどそういうだけで、ファシズムとはどういうことなのかについては、ちっともはっきりいわないんです。それをはっきりさせないもんだから、「反ファシズムというけれど、そもそもファシズムってどういうことなのか」といっても、全然答えが返ってこないんです。

日本の天皇制がファシズムを伴っていたというためには、農本主義的な民族主義がウルトラ化したとしかいえないと僕は思うんです。それに対して、ドイツとかイタリアのような、ヨーロッパの高度な先進的な国がファシズムになったという場合のファシズムは、資本主義がある程度成熟していて、その上で独裁的な政治、一党支配の政治を布いたということです。

日本の場合は、中間の資本家的なモダンなものはみんな抜いちゃって、農業を主体とする民衆を天皇が直接支配するという形しか考えられません。ファシズムというなら、当時の日本で考えられるのはせいぜいそれくらいなものです。ヨーロッパ的なファシズムを理論的に考えたのは東方会だけです。中野正剛の東方会だけは、モダンなファシズムを考えていましたが、そのほかはみんな農業を主体に考えていました。

それで彼らは、開拓民をどうするとか、農業をどうするとかばかりに関心があったわけです。その頃は多くの人たちが農業を主体に働いていましたから、天皇と自分たちのイデオローグと、あとは農民を主体にした民衆と、国家を構成する要素にはそれだけいればたくさんで、その他の余計なやつはみなすっ飛ばしちゃえっていう考え方ですね。

しかし、それを果たしてファシズムといえるかどうかは問題です。

戦時中、僕は動員で工場で働いていましたが、工場には軍部から監督官として将校が常駐していました。普段は何もせずにふらふらしているだけなんです。それで、軍需品が足りないから作れということになると、その監督官の軍人が主体になって、資本家と働いている者たちはそれに従わないといけないという形になるんです。その場合、監督官の症候にはどこまで権限があって、どこまで権限がないのか、そういうことをはっきりさせないと、日本はファシズムだといっても、ドイツやイタリアと同じように考えられるかどうかはわからないんです。

あとで考えると、そういうことをはっきりさせておかなかったことが悔やまれます。そんなことを考えるのは、お前ら戦中派のやることじゃないかといわれると、それまでなんですよ。それをやらなかったということは、自分たちが怠けたということになっちゃうんです。だからいうのは面白くはないけれども、やらなかったことは確かなんです。ファシズムだファシズムだって、言葉だけは聞いていたり、自分でも使ったりするんですが、何を指してそういってるのかといったら、説明は何にもないわけです。それで、ドイツ、イタリア、日本と、ファシズムはみんな同じなんだとなっちゃっているわけです。あとでしまったと思うんですが、しまったと思えるころは、もう遅いとなっちゃうんですね。

そういうことがあるもんで、過去一、二年くらいから、産業革命的な意味合いをだんだん帯びてきているとは思うんですが、それがどの程度のことで、どんな種類のことで、どう影響を及ぼしているのかということを、一つの産業か製品についてだけでもいいから、面倒がらずにちゃんとやっておかなくてはいけない気がするんです。本当に学生さんをアルバイトに雇ってでも追跡してもらったほうがいい。そんへんがわかっていないと、やっぱりあとになって、僕らみたいに悔やむことになるだろうと思います。

産業革命というけれども、いったいどこがどうでそうなんだといわれて、曖昧に「いや、得も損もあって」ぐらいのことをいってごまかすのではなく、本格的にやったほうがいいと僕は思います。そうじゃないと、あとでしまったとか、もうこれは遅いやっていうことになるんじゃないかと思います。

確かに大変なことだといえば、大変なところまで行きそうだし、またこれからも行くでしょうけれど、それが実際のところはどういうふうになっているのかという状況をしっかりつかんでおかないといけないでしょう。そのためには、生産と消費の関係を突き詰めていくことが重要になります。それができたら申し分ないと思います。

■「言葉には根拠がない」という最大の難関

山本　イメージ／像としての都市論は、吉本さんでは身体視線と「死」の世界視線とから組み立てられて、次元のプラス／マイナスから考えられていますが、産業生産様式を土台に他律様式が、他者から情報空間になって情報生産様式に転移させられた「情報都市」論がインフラとソフトから考えられると思います。ここに、実は場所／エスニシティと国家／ナショナリズムとの関係が近代的／産業的に構成される「共同幻想の社会的＝国家的実定性」の界が組み立つことは、「政治国家」論の別のところで論じるつもりなのですが、イメージとしての想像生産と場所を社会化する「分離化」への想像生産として考えていくつもりです。ここは、社会科学的な思考の転移の場において突っ込んでいけるのですが、吉本さんの『ハイ・イメージ論』の表出的な本質論が、文学作品論から組み立てられている界は、それでは追いつきません。ここは「高度資本主義／高度資本主義国家」「高度情報国家」を論じるうえでの本質的な基盤だと思います。

文学作品を論じる形で、「像としての文学」では概念も性的な感覚ももたないでイメージが産出されてきていること、「走行論」では性表現を巡って家庭という場から性の表現が走行していくことが論じられます。それを踏まえて、「パラ・イメージ論」から「段階論」になりますと、「内的な独り言」という内語が組み立てられていくところから段階を設定され、「普遍喩論」「視線論」と議論が続いて、究極的に宮澤賢治の作品が作品として壊されるところまで深められていきます。

そのところですが、内語の表現が登場し、内語の言語と非言語の境界面がなくなっていって、さらには内語が削られて具象が登場してくるというように、「パラ・イメージ論」「段階論」「普遍喩論」「視線論」という論議では、段階ということを非常に問題にされています。そこでは、ヘーゲルも自然論の中で段階を設定しているが、そういう段階の観点がソシュールの価値論にはないとおっしゃられています。そして、そもそも吉本さんの表出論から見ていくと、自己表出史、表現転移という形で段階的な世界が登場してくるわけです。

そこで一つには、そういう段階化、あるいは段階という形で意味されているところを、もう少しお話しいただきたいと思います。

それからもう一つお聞きしたいのは、とてもわかりずらかったところですが、幾何論のところでデカルト、スピノザ、ライプニッツ等を引きながら、神のイメージを巡って、言説を議論されているところです。それは神というものもイメージ産出、像化させた世界として捉えるものとしていいのか、それとも何かちょっと別なことをおっしゃろうとしているのか、そこのところがちょっとつかめなんです。

その二点について補足的なお話をうかがえればと思うんですが。

吉本　はじめの言語の問題でいいますと、今いわれたことは、言語の専門家にとってはたぶん最大の難関なんじゃないかと思うんです。歴史的な段階を考えないで、その時その時の現在、つまり同時代に使われている言語を考えるとすれば、その言語の変遷というのは、だいたい時代の変遷、文明の変遷、産業の変遷でもいいんですが、それと同じ速さで同じ程度に移っていくと考えればいいと思います。そうすると、言語の専門家にとっては最大の難関ということだけが残ると思うんです。

それは何かといったら、一つには、あまりに複雑な流れを喚起するというか、先のほうにいくとちょっと収拾のしようがないことになってしまうということ。もう一つは、言語にはさしたる根拠はないんだということ。両方同じことだと思いますが、そういうことが最大の難関だということになるわけです。

たとえば、「サラリーマン」という言葉が通用する前は「月給取り」という言葉がありました。なぜ「月給取り」と呼ぶのかといったら、定期的に働いて、定期的に給料を取るからです。「月給取り」という概念は、近代産業社会において初めてできあがったものですね。その程度のことまではわかりますが、さらに言葉の初めのほうへいくと、もうわからなくなるわけです。

たとえば、同じ「妹」の字を書いて「いもうと」といったり、「いも」といったりします。同世代の肉親で男性の自分よりも歳が若い異性を「いもうと」というわけですが、古代では同じ「妹」という字を書いて「いも」といわせていました。それでは「いも」とは何かというと、恋人とか奥さんとか、そういうものを「いも」といっていた。

そういう説明は一応通ります。だけれども、なぜ肉親で同世代の年下の異性を「いもうと」といい、恋人だと「いも」というのかとなると、根拠を見つけられません。

その言葉がつくられたことが、歴史的にわかっているところまでならば、何とか遡れるわけです。それで、言語学者の中には、昔は近親結婚というのがあって妹が奥さんになったことがあったから、同じ字なんだという人もいる。そういうようにこじつける以外にないということがあるんです。

なぜ「いも」といわずに「くん」といわなかったのかといっても、そのわけをだれも説明できません。遡れば遡るほど、そうなんです。そういう意味合いで、言葉には根拠はないんです。

そうすると、「いも」という言葉はいったいだれかがつくったのかということになります。一番その可能性があるのが、人が集まる物々交換の市場みたいなものでしょう。今でいえば盛り場みたいなもので、そこで若い人たちが最初に「いも」という言葉を使い出したということかもしれない。そうじゃなくて、語り部みたいな言葉を喋る専門家とか、あるいは文章を書く専門家が、そういう言葉をつくり出して、それが流布されて「いも」とか「いもうと」とかになったという説明もあります。可能性としては、他のことよりもそのどちらかの偶然のほうがありそうだという感じまでは、何とかわかります。そこから突き詰めて、それじゃあ実際にはだれがいい出したんだ、それはだれなんだといっても、それはわからないわけですね。

そういう意味から根源的にいうと、言葉には根拠はないんですよ。

今の若い女の子は、恋人の男性を「カレシ」と「シ」にアクセントをおいていいますね。それで「カ」にアクセントをおいて「カレシ」といえば第三者の男性になりますね。そういう使い分けをしています。僕らの世代では、それは単にアクセントの違いの問題で意味の違いはありませんでした。アクセントの違いは方言の違いだと片付けられました。関西や九州ではこういうアクセントだけれども、関東でこうだという、方言の問題でだいたい済んじゃいましたが、今の若い子では意味の違いになることがある。でも、だれがそういい出したかを特定するのはほとんど不可能です。

ですから、あるものをこう呼ぶということについて、だれがはじめたのか、どうして他の言葉でいわなかったのかとか、そういうことを根源的に知ろうとするのは無駄ということになるわけです。

また、言葉は一義的にあることを指すんじゃなくて、複雑なニュアンスができてきて、複雑な言葉に意味としても分かれていくのはどうしてなのか、ということもあります。一般の言語学のように、言葉は分節された音で喋るか、字でもって書くかどっちかだといえば、言葉の基本性質はいえたことになりますが、もっと複雑なニュアンスまで含めてとか、文意まで含めていえば、やっぱり根拠はないというしかないと思います。

■表現の経路と形式から段階は設定できる

吉本　そこで段階ということになってきます。ある言葉が流布されていて、それをつくったのはだれなのかといった場合、それは詩人の谷川俊太郎さんなら谷川俊太郎さんがいい出したんだ、谷川さんという言葉の専門家がそういい出したのがはじめだと、そういういい方をする以外に段階ということもなかなかいえません。

たとえば「鉄腕アトム」の「鉄腕」という言葉は、いつ、だれが、どうつくったのか。大本にはだれかがいるんでしょうが、流布したのは「鉄腕アトム」の歌詞をつくった谷川俊太郎さんだといえば、おおよそ段階ができてしまいます。そういっておけばそんなに違わないだろうということは、谷川さんが言葉については、普通の人よりも専門家だから、一生懸命考えてつくったりしただろうと、一応想定していいからです。

日本の近代化以降の詩でいうと、はじめに島崎藤村が『若菜集』で七五調の長歌をつくります。長歌は古典時代、万葉時代からあるわけですが、言葉で表現できる「詩」の一番古いのを長歌だと考えて、その長歌の音数律と七五調の音数律を使って、自分が現に感じている、現代的に感じている新しい感じ方をうまく表現すると詩になる。『若菜集』はそういう段階を示しています。

島崎藤村の他にも、七五調で抒情詩をつくっていた詩人があります。そこから、抒情的・情緒的な感じを表すには抒情詩のこの形でいいが、もう少し思索や思考の状態がその中に入ってきた場合には、七五調の長歌の抒情詩じゃ何か物足りないとか、これじゃちょっと幼稚に思えるという詩人たちが出てくるようになります。

そこで、あまり著名ではないけれど、蒲原有明、薄田泣菫、三木露風という人たちが、象徴詩ということで、抒情詩じゃなくて、抒情詩プラス多少の思索という意味合いで詩を書きはじめます。韻律はどうするかというと、七五調じゃちょっとありきたりだから、六四調とか八六調とかをところどころに混ぜた韻律で、象徴的な言葉の使い方で詩を書く。これで次の段階になるんです。

面白いことに、どこの国のどこの民族語を使った詩でも、象徴詩と抒情詩とどっちが早く発生したかというと、抒情詩が先だということは人類共通のことで、その反対ということはあり得ないんです。なぜかはよくわかりませんが、とにかくあり得ない。すると、抒情的ないい方の次の段階は象徴的ないい方だといえることになります。

そうなりますと次には、七五調は古い長歌の名残で、いくら調子や音数を変えてもうまくいえないところある、ということになります。それなら、散文と同じように普通の言葉で書こうじゃないか、口語調で書こうじゃないかとなって、また次の段階がくるわけです。それで萩原朔太郎みたいに、普通の口語調で書き、行あけはするけど韻律は踏んでない、でも「なるほど言葉をよく選択している、これは詩人じゃなきゃこういう表現はできない」という評価を受けて、これは新しい詩だと認められていく。

そしてまた次の段階へとなっていきますが、段階の中で段階を分ければいくつもなるということにもなります。そんなふうにして、詩の専門家のそういう経路をおさえていくと、段階という考え方が成り立ちます。

けれども、別の意味合いでいえば、専門家といえども自分の好きなことが主題になることが多いわけですから、それぞれで違うじゃないかといえば、それは当然少しずつ違っています。そういうことでは段階は設定できないことになりますが、少しの違いと多くの共通点があり、多くの共通点だけを取っていけば、段階ということがいえます。言葉というものは、そういうふうに段階的に進むものだといえることになると思います。

それでは、『万葉集』の長歌から明治の新体詩までの長歌の七五調は、どこで区別するのかといえば、結局は形式で区別することになります。『万葉集』には五七五七七と同時に、七五調で七五七五七五と長く続く長歌がある。短歌とか和歌といわれるものの五七五七七はそこからはじまった。『万葉集』はそのへんで成り立っているわけです。

室町時代になると、五七五七七の七七は余計じゃないか、もっと短くいえるじゃないか、五七五でいこうということで、連歌のような形ができて、それを専門にする者が出ていきます。そして徳川時代になって、俳諧、俳句が、これも五七五なんですが連歌とはちょっと違うものができてきます。

そのように形式的に違うところで段階を考えれば区別できることになります。しかし、詩の韻律として何の変わりがあるかというと、全部七五調を使っていることでは何の変わりもありません。古代から近代まで、ずっと七五調は変わらなかった。ただ、形式的に長いか短いか、どの程度なのかということで区別をすれば、段階は設定できることになります。

日本で劇みたいなのができたのは、平安時代の末期から室町時代にかけてだとか、鎌倉時代の中ごろだとかいわれますが、そこで能・狂言のようなものからはじまって、徳川時代になってくると近松門左衛門みたいに芝居を書くという筆記ではじまっていきます。それから、筆記でやるか台詞でやるかという区別から、演劇という分野ができてきます。こういうふうにやっていくと段階は設定できます。歴史的段階という場合でも、ヘーゲルがもとなんでしょうが、多くはそんなふうにして段階を設定し、歴史も種族もそれで設定して区別する、ということをやったと思います。段階というのは、そういう設定をするならば、できないことはないということだと思います。

■大枠を設定しないと段階をいうことはできない

山本　「拡張論」の労働価値説を巡る思想の展開でも、アダム・スミスが抒情詩で、デカルトが物語で、マルクスが劇でというように、まさに段階的に語られています。

吉本　そうですね。総括すればそういうことになります。しかし、古典経済学とか労働価値説の範囲内でいえばそうなんであって、今はもっと違う考え方も出てきていて、経済学一通りについていえるということではありません。ただ、近代経済学とマルクス主義経済学を区別している人がいますが、それはあまりあてになりません。もうそんな区別はなくなるかもしれません。

でも、依然として産業についての段階は設定されていて、近代経済学であろうとマルクス主義経済学であろうと、自然産業と第三次産業つまり消費的な産業とはしっかり区別されます。

ようするに、ある大枠を設定しないと段階は設定できないわけです。

ヘーゲルは、世界史という概念で重要なのはアジア的ということとヨーロッパ的ということの二つであり、あとはみなアフリカ的な野蛮・未開であって、世界史からは除外していいんだという考え方で済ましたと思います。しかし、だんだんとアフリカも世界史の中へ入ってきた今となっては、また違う段階を設定しなければならなくなっています。アフリカ的という新たな段階を設定しなくては、世界史という概念が成り立たなくなっています。

段階を道具で設定したりする人もいますね。貨幣ならコインや紙幣を使うか、それとも小切手みたいな紙切れを使うか、今なら電気的な映像を使うか、ということで貨幣経済の段階は区別されるんだというい方をすれば、それもそれで成り立つんじゃないでしょうか。

しかしながら、第三次産業が拡大してきてからは、先にいいましたように、もはや大雑把な設定以外では、段階ということはいえなくなってきていると僕は思っています。それでも、段階を設定すればある程度一通りのことはいえる、ということです。

『ハイ・イメージ論』のベースに、段階論があるということがよくわかりました。僕なりに、それは、マルクス主義の生産力の発展水準とかフーコーのいう非連続とかいう、区分の仕方の観点を、本質的＝表出的に超えていく視座であると理解して、「千三様式の段階論」において活用させていくつもりです。これは、経済的な視点と文学的視点との区分をなくす方法理論を形成するうえで要になると思います。

2 言語にとっての国家以後と国家以前

■これからの国家的言語と地域的言語のあり方

山本 次に、言語と国家ということでお聞きします。初期のころ、吉本さんは国家について語ることは言語について語ることであり、言語について語ることは国家について語ることだとおっしゃっていました。そして『ハイ・イメージ論』では、現在の高度資本主義国家の諸現象について、イメージの問題を中心に語られてはいますが、文学の言語表現を巡る論述を間に置いて展開されていらっしゃいます。しかも、現在の四次元的なハイ・イメージが、すでに宮澤賢治の作品世界で先取りされた言語表出としてあったことを指摘されています。

言語と国家を巡る問題は、本質論的には、言語表出と共同幻想の関係を巡る問題だと思います。そこで僕は、ステートとしての国家の言語、つまり国家語の次元に現れてくる共同幻想と、ステートに対立するイギリスの北アイルランドだとか、カナダのケベック州だとか、地域的な言語の次元に現れてくる共同幻想との対立が、高度資本主義の中でかなり顕著に出てきているんじゃないかと思うんです。場所的、地域的な共同幻想の領域には、国家語とは違う言語の領域があって、それがエスニックな民族的な言語になっていたりします。日本の場合ですと、それは顕在化しないんですが、方言や話し言葉の領域に残されていると思います。

そういうことから言語表出の問題を考えますと、共同幻想のいわば水位の高さが違う次元というものがあって、それが言語との関係でとても大事な問題をはらんでいるんじゃないかと思うんです。これが一つ目にお聞きしたいことです。

そういう空間的な問題と、もう一つ時間的な問題があると思います。たとえば、最近の若い研究者で安田敏朗さんやイ・ヨンスク（李妍淑）さんの、社会的な言語の変遷を巡っての議論があります。そこでは、言語というのは国語とか帝国の言語とか、そういう社会的な形で形成されてきたものであって、言語を普遍化することはではできないんだという、社会言語的な見方での言語論が展開されています。そういう実証的な研究が、かなりしっかり出はじめていると思います。

でも、そういう形で、言語は近代につくられたものでしかないと言語領有次元でいったところで、だから何なのかという本質面が言語表出的にどうしてもあります。確かに日本語には、近代的な形での言語編成というのはあったでしょうが、言語表出史的に見れば、もっと根本に社会言語化され得ない言語の領域があるわけです。そのへんの問題は、言語表出と社会との関係で、どういうふうに考えていったらいいのかということが、二つ目です。

そうしますと、これから先、国家が限定される、あるいは国家が非国家化される、あるいは場所的な世界が自由に保証されてくるということを考えていくと、国家語的な言語とそうではない多数の言語との共存関係は、国家の先のイメージと絡んで、どうなってくるのかということが出てきます。これが三つ目になります。

そのへんの問題は、吉本さんがやられた前古代的な初期歌謡の考察や表音転移の問題と絡んでくるんだろうという感じがしていまして、今いいました三つのポイントについて、どう考えられるのかがうかがえればと思います。

吉本　どういうところから話せばいいのかと思いますが、できるだけわかりやすく思いついたところからはじめてみます。

■近代以降の日本では社会的言語と国家的言語は区別がつかない

吉本　山本さんのいう社会的言語は、社会に流通している言語という意味だけじゃないと思いますが、強いていえば社会的言語とは、社会的・共同体的なところで通用している言語ということでしょう。そこでは部分的に、職業集団の中での略語、他にはわからない符丁のようなもの、そういう言語ができたりします。また、ある社会的な地域、たとえば同じ東京の中でも、下町で喋られている言葉と六本木で喋られている言葉とは違うということがあったりします。東京下町独特のいい回しがある所では通用している。また盛り場としての六本木に、二四時間住んでいるわけではなくて、ある時間にやって来る人たちが独特につくりだした言葉というものがある。その二つの言葉には違うところがある。

職業集団内部でだけ通用する隠語や省略語とか、それぞれの地域でだけ通用する独特の言葉があって、同じ日本語でも部分的には集団や地域で違ってくるということがある。でも、それらの言葉はそれぞれ違うとはいっても、基本的には違わないからということで、「民族語としての日本語」に全部ひっくるめているわけです。

そういう社会的な言語と国家的な言語を区別したいんなら、一番はっきりしているのは、近代以前、つまり江戸末期までですね。江戸時代以前を民族国家とはいえませんから、そこでは公用語およびそれに準ずる言葉、つまり公用語に寄与している専門家、儒学者を典型とする人たちの使っていた言葉があります。それらは漢語、今でいえば中国の古典語です。その中国の古典語のいい回しが、日本語を文字で記載するようになった古墳時代あたりから、ずっと公用語として使われてきました。

ようするにそこでは、通常の文章も中国語で表現されるし、政治的用語も中国語で表現されます。言葉の専門家である儒学者・中国文学者が、それらの言葉を推し進めていって、新しい言葉をつくり出したりすることを公文書でやっていたわけです。

この公文書に使われる言葉が、政治的国家つまり政府、江戸時代でいえば幕府ですが、幕府の公用語なわけです。その公用語が中国語だったのですから、日本の政治的国家の言語は中国語だったということです。

その一方、民間には社会的言語として通用しているものが多種多様あるわけです。職業集団や地域によって違いがあるのは今と同じでした。それで、言葉の専門家の中には、中国語が日本語の公式言語だなんて、文化的自意識とか民族的自意識からして、おかしいじゃないかという疑問をもつ人たちがいました。そこで、ひらがなやカタカナが生み出されたり、中国語を表音的と表意的に使い分けることが出てきて、そういう言葉が一般的に通用するようになっていった、それが社会的言語の一番整った形になっていったわけですが、そういう社会的言語を推進し、新しい言葉をつくり出していく役割は、江戸時代では主に国学者、今でいう国文学者が担っていました。

ようするに、近代以前の政治的国家の言語と社会的に流通している言語を、言語の専門家である儒学者と国学者に象徴させれば、中国語と固有日本語とに明瞭に分かれていたことになるわけです。

現代日本の公式文書は、明治以降は日本語が使われていますから、近代以前のように明瞭に線を引くことはできません。ただ、天皇だけが、第二次大戦中くらいまで公用語としての中国語を使っていました。天皇が出した詔勅はみな中国語なんですね。読み下せば中にかなが入ったりはするわけですが、詔勅は宮廷付き儒学者の安岡正篤などの人たちが文案を作っていました。旧憲法下で中国語を公文書として用いていたのは、唯一天皇だけでした。

それ以外では、近代以降の日本では、社会的言語と国家的言語は区別がつきません。そこは近代の特徴になるわけですが、そこに今度は中国語の代わりに先進文明国であったヨーロッパやアメリカの言葉が入ってきます。しかし、公文書を英語で書くとかフランス語で書くとかはしません。だいたいは社会的言語のほうで取り入れますが、それは借用語であって、とくに新たな外国語類型ができることにはなりません。

そういう意味から、近代以降の日本では、国家的言語と社会的言語がまるで違うとはならなくなっているわけです。

■中間の位置にある「お経」と法的言語

吉本 もし、国家的言語と社会的言語の中間に言語の層を想定したいのなら、僕はお坊さんのお経に一部あるかと思います。日本の経文は、中国語に訳されたものを音で棒読みしているわけですが、お坊さんの社会でだけ流通している言葉というか、独特の職業用語のようなものがあります。たとえば、法然が書いたともいわれる『一念義停止起請文』というのがありますが、その場合の「停止」は、お坊さんの仲間うちでは「テイシ」ではなくて「チョウジ」と読んでるんですね。その手のものがたくさんあります。

お坊さんも本来は民間なわけですが、国家語と民間語の中間のところに位置しているようなところでの用語として、独特の読み方とか表し方が部分的にはあります。しかしそれだって、広い意味で社会的言語といえばいえてしまいます。「社会的言語」というういい方は、流通している言葉としてはいいんですが、逆に言語の社会性とか交通性とかをいい出すと、ちょっと問題です。もしそういうことを問題にしたいのならば、「社会的言語」という枠組みはなしとしなきゃいけないと思います。

つまり、標準語として流通している言葉と集団や地域で流通している独特の言葉を、社会的言語という枠組みで総括すると、間違ってしまうということです。その点を押さえて社会的言語という意味合いを使えばいいんですが、言語社会学というなら、そんなものはないというのが本質的なことだと思います。

また、国家的言語というのも本当はないといいたいところですが、今でも多少は残っていて、たとえば国会がはじまるときに、天皇が開始の宣言みたいな文を読みますが、あれなんかもそうですね。だいたいは中国語を読み下して棒読みしたようなものですが、それが通用していますから、厳密にはないとはいえないのかもしれません。それでも言語社会学というのはないんですね。

もし区別するとすれば、政治的な国家用語と法律用語があると思います。法律用語も公用語といえばそうなんですが、立法府と行政府とは互いに独立しているという近代的ないい方をすれば、法律用語は政治的な国家用語とはまた違うといえるでしょう。政治的な国家用語と社会に流通している用語との中間に位置するのが法律用語、つまり「六法全書」的な言葉だと思います。

つまり、政治的国家の言語と社会的に通用している言語と、その中間に法的言語がある、というように区別すれば、それで十分なんじゃないかと僕は思います。何も区別したくないのならば、言語社会学といっても言語国家学といっても、成り立たないだろうと思います。

それは、社会学とか政治学とかいうけれども、そんなものはないんだというのと同じことです。ある地域を限って、その中のことをとくに追究する分野の学問を社会学といっていますが、それはヨーロッパの考え方であって、そんな区別はないんだよ、というのが本当のところだと思います。

■民族とは標準語の通用する範囲の人たちのことにすぎない

吉本　民族国家といいますが、それは近代国家、近代以降の国家の代用品としては通用しますが、厳密にいうと、民族国家とか国民国家というのは、本当は存在しない、成り立たないんだと思います。

標準語といわれるものが通用している範囲の人たちのことを民族といっていますが、それは種族とも違うし、部族とも部族連合とも違うわけです。そうすると、民族って何だといっても実体はよくわからない。たぶん、そういうしかないということなんです。標準語が通用し、それを喋ったり書いたりできると考えられる人たちを、一括して日本民族と呼ぶんだという以外に、民族という言葉は成り立ちようがない。じつに曖昧で、近代以前はもちろん、近代以降でも民族は存在できようがありません。

種族とか部族までは由緒がありますから、民族国家というと人々が誤解して、日本人という種族の国家だと思ったりすることにもなります。でも、そんなことはまったくないわけです。たとえば、九州の有田には、秀吉のいわゆる朝鮮侵入の帰りがけに連れてこられた、朝鮮の陶器作りのうまい人たちの子孫が今でもたくさん住んでいます。そういう人も、もちろん日本人であり日本民族なわけです。日本民族なんですが、もともとは日本人種じゃないですね。

そういうことは、どこの国にもあります。アメリカ国籍をもっていれば、韓国人であろうと日本人であろうと、みなアメリカ人あるいはアメリカ民族なわけです。たいていの国が単一人種ではないし、日本も単一人種ではありません。種族で分けたら日本は多人種国家ですよ。骨の計測なんかをする考古学者で僕の知っている人は、自分の体を材料にして調べてみたら三十何種類の種族が入っている、といっていたくらいです。

ですから、日本語は種族語ではないんです。そして民族という用語はすこぶる怪しいわけですから、日本語を民族語というわけにもいきません。

そうすると日本語とは何だ、言語とは何だということになりますが、それはすでにいいましたように、あるところまでは追求することができますが、起源のところからいったら、まったく根拠がないということになるわけです。

ただいえることは、ある時代にある地域が何らかの中心、政治の中心か文化の中心か産業の中心か、そういう中心だったと思われる場合には、当時の標準語はその中心地域の言葉になるということです。

今では東京が文化の中心、政治の中心ですから東京言葉が標準語になっています。でも、東京言葉といっても訛りがあるわけで、僕らもそうですが「ひ」と「し」の区別がつかないんです。「ひとりで行った」というところを、僕らだと「しとりで行った」ってなっちゃうんです。江戸言葉の時代から「ひ」と「し」の区別ができないのが、東京言葉の一つの特徴でもあるんです。

東京語のそういう細かいところを単純化しちゃって、現在の標準語というのができたわけです。ようするに、ある時代に何かの中心だったところの言葉で、面倒なところをはしょったのが標準語になっている、ということになります。

王朝が北九州にあったとすれば、その時代には九州語が標準語だったはずです。もしかしたらその名残かと思える言葉が、今でもあるんです。僕の親父は北九州の出ですが、親父は「夢」を「いめ」というんです。九州の人はだいたい「いめ」っていいますね。「夢」は古語でも「いめ」です。古語といっても奈良朝以降の言葉ですが、「いめ」が古典語だということは、ある時代の標準語だったわけで、九州のどこかに何らかの中心があったことを意味すると僕は思っています。

ですから、何らかの中心的な地域の言葉が標準語になって、それが流通するところが国家の範囲になると考えられるだけであって、そういうのを民族語といってもあんまり根拠はない、ということじゃないでしょうか。

■日本語は混合語ではなく第三の言語である

吉本　民族語ができる根拠、理由には不思議なことがずいぶんあります。たとえば、日本と朝鮮の真ん中の海峡に壱岐・対馬という諸島があります。真ん中にあるということからすれば、壱岐・対馬では朝鮮語と日本語の中間語が使われていてもいいんじゃないかと思えますが、事実はそうではない。もちろん壱岐・対馬では日本語を使っているわけです。

セクシャルハラスメントをセクハラといって日本語化していますが、それは英語から借りてきたものです。そういうふうに朝鮮語からいつくか言葉を借用することはあっても、純然たる日本語を使っているわけです。

日本語は大きく二つの異質の言語からできています。ピジン、クレオール（混成語、混合語）といわれていますが、二つの言語があって、そこから生み出される言語は、混合語にはならないでまったく違う言葉になる。まったく違う第三の言葉になる。日本語はそういう第三の言葉だろう。現在使われている奈良朝以降の日本語は、二つの異質の言語があって、それがある人種的な加減とか混合とかによってできた、第三の言語だろうという、おおよその見当はつけられます。

そこまで遡っているのは、僕の知っている限り折口信夫だけで、折口信夫は、古典学者や専門家が考えている古代、古典時代よりもはるかに以前のところまで、原則的に行ってると思います。

どうして二つの語の混合語みたいにならないのかということは、よくわからないんです。それは民族語がどうしてできるのかわからないということと同じです。いくら混合しても、混合語っていうのはできない。どちらの言葉を使っても通用する地域はあるわけですが、混合語というのはない。中間地域でもどちらかの言葉になってしまいます。壱岐・対馬の場合なら日本語になってしまうわけです。

別の種類の二つの言語が、何らかの加減で同等だとすると、第三の言葉になるということです。日本語はオセアニア語とアジア大陸の古語との二つからできているのじゃないかという、おおよその推測はできても、その二つの混合語にはなっていない。つまり、混合したんじゃなくて、二つとは別の第三の言語になっているんですね。

なぜそうなるかは、まったく不可解なことです。それは先にもいいましたように、なぜそういうのかという言葉の根拠が最初からわからないということと同じことです。いずれも同じことから由来しているんでしょうが、何かの新しい概念を導入しないと、言葉というものは全面的に説明できないんです。

ソシュールは、フランス語の祖語はラテン語だという理解の仕方を認めません。フランス語はどこまでいってもフランス語だし、ラテン語はどこまでいってもラテン語であり、縦関係はないといいます。だけど、日本ではそういう考え方があまり通用していないですね。

たとえばこの間、石川九楊さんという書家の書いた本を読んでいたら、日本語は中国語からできたと書いているんです。僕はそんなわけはないと思うんです。書き言葉としての日本語は、中国の文字を借りた、それは歴然たるものですが、中国語から日本語ができたということはあり得ません。朝鮮語から日本語ができたという人もいます。日本ではなぜか外の言葉との縦関係を考えたがる人が多いんです。

なぜ民族語があるのかとか、なぜこの言葉はこういうのかというのは、とても真っ当で本格的な疑問なんですが、今のところはどんな専門家も答えられなくて、何となくかっこうをつけて、俺はこう思うという以外に、ちょっといいようがない。それでだれもそれを間違いだっていえないことになっているんじゃないんでしょうか。そこが言葉の問題では一番難問なんだと思います。

■成り立ちがはっきりしない種族語としての日本語

吉本　今の日本語は種族語ではありませんが、種族語としての日本語というのはあるわけです。種族語としての日本語をどう考えたらいいかは、本質的な問題にかかわってきます。事物や人名や地名について、なぜそれをそういう名前でいうのかをずっと辿っていくと、どこかで根拠がなくなってしまう。そこがわからないと種族語としての日本語はわからないという問題です。

そこのところをいえる専門家は未だいませんが、おおよそのところでいえるのは、ある古い言葉の層の上にある新しい言葉が重なったということです。そうして先にいいましたように、混合語ではなくて、その二つの言葉がもとになってできあがった第三の言葉が、今の日本語だろう、奈良朝以降の日本語だろうということです。

その二つの言葉は、一つは北方系の言葉で、もう一つは南方系の言葉だというところまでは推測できるんですが、どっちが古いかとなると、もうだめです。北方大陸の蒙古あたりの古アジア人の言葉が基礎になって、その上に南太平洋の島とかインドネシアやフィリピンの言葉が被さった、さらに大陸の朝鮮語とか中国語も入ってきた、それで今の日本語ができたんだという説もありますが、被さり方がその反対だという説もあって、まちまちです。

ですから、とにかくAという言葉とBという言葉が融合して、Cという言葉になった。そのCという言葉が奈良朝以降の日本語だと、種族語としての日本語というのはそれなんだと、そういっておくしかないので、ほぼそれでいいんじゃないかと思います。

日本語はオーストラリアの近辺のパプアニューギニアの言葉と似ているとか、インドの北とか南の言葉と似ているとか、南中国の言葉と似ているとか、専門家によっていろいろな言葉と似ているといわれています。どうしてなんだろうというくらい、それぞれ勝手なことをいっています。

それであるとき埴谷雄高さんが、太平洋戦争というのはようするに、一種の日本人の帰郷運動じゃないかといったことがあるんです。日本軍は南太平洋の島も占領しましたし、オーストラリアのすぐ側まで行きましたし、もちろん中国にも侵入しましたし、朝鮮は植民地にしましたし、南中国やインドの近辺まで行っているわけです。それで埴谷さんは帰郷運動じゃないかっていったんですが、それはとてもいい譬え方じゃないかと思います。

ただ、沖縄の言葉を方言じゃない琉球語だと考えれば、琉球語は古い時代の日本語と同じだったといえる唯一の言葉かもしれません。服部四郎さんの言語年代学の計算によれば、だいたい六〇〇〇〜七〇〇〇年前には、琉球語と日本語は同じだったということになるようです。厳密な数字としてはあてになりませんが、たしかに日本語と琉球語はよく似ている。言語学者にいわれなくたって、沖縄に行けばとても似ていることがわかるわけですが、それでも六〇〇〇〜七〇〇〇年は遡らないと、同じだったとはいえないということだと思います。

琉球語は三母音だといわれますが、現代の日本語は五母音です。橋本進吉さんの研究によれば、古代日本語の母音の「イ、エ、オ」には甲類と乙類の二種類があるということです。そうなると、古代日本語の母音の数はもっとたくさんあったことになります。それならばそれが種族語としての日本語の特徴になるかというと、僕は疑問です。

橋本さんでは、たとえば「せ」という音には、「せ」と「しぇ」の二つがあって、それは違う漢字をあてて使い分けられていた、ということが甲類と乙類があるということの根拠になっています。しかし、それはあてにならない、それは方言の違いじゃないかという言語学者もいます。つまり、方言の違いを違う漢字で表音的にあてはめただけじゃないかという主張もあります。

ですから、日本語が琉球語と似ていることだけはまず間違いないことであって、それ以外の言葉で日本語と似ているものはない、どこの言葉とも類推できない、ということしかいえないんです。

■人造語が世界共通語になることはない

吉本　そういうことで、山本さんがいわれるような、言語はこれからどうなっていくんだというのも、ちょっと見当がつきません。ある地域とある地域の民族国家がこれから合併することはあるかもしれません。でも、合併語とか混合語ができるかというと、それはできないわけです。

人間の言葉が種族語として分かれたところまでなら、あるいは遡れることがあるかもしれませんが、人間が分節した言葉を使うようになったところまで遡るには、数百万年単位で遡らなくてはならない。ようするに民族語といったって根拠がないわけですから、そういう根拠のない二つの民族語が関係しても混合語にはならない。借用語関係ができることはあっても、混合語ができることにはならない。数百万年単位まで、つまり言語発生のところまで辿れない限りは、そうとしかいえないと思います。

民族国家が合併して、世界単一とまでいかなくても、共同国家単位みたいにしようじゃないか、欧州共同体みたいにしようじゃないかということで、アジア共同体をつくろうじゃないかと考えて、そうなっていくことはありうるけれども、それで混合語ができていくことにはならない、できるとすれば全然違う別の言葉ができるだろう。そこまでは未来的に予想できると思います。

また人造語というのがありますね。たとえば、一時代前に、世界中が夢中になったエスペラント語という人造語があります。どこの国の人にもわかりやすい人造語をつくれば誰もがそれを喋るようになるかというと、それもそうはならないと思います。そういう人造語ができて、世界単一語になるということは考えられません。いろいろな言葉が融合して、何かしらの別な言葉ができることはありうるとしても、人造語が単一語として通用するようにはならないでしょう。

人造語がそうならないのは、言語が遺伝子生物学みたいなところでまでいけないからじゃないでしょうか。人種と人種が混血する場合のように、言語の遺伝子細胞のようなものがあって、言語はそういうものからできているといったところまではいけないですからね。どこかの勢いがいいところの言葉が、比較的世界標準語になりやすいだろうということは、今までの経緯からしていえそうな気がします。いえるとすれば、それくらいのことですね。

■法的言語と少年法問題

吉本　そういうことで一番問題になるのは、先にいいました法言語ではないでしょうか。ようするに、国家と社会の中間的なところで想定される法律の言語です。

日本国は世界における先進資本主義国の一つであり、かなり重要な先進資本主義国の特性をもっていると考えるとして、その日本の法律はどうなるだろうかというと、僕は今の法律はもう危なくなっているぞと思うんです。というのは、世界が第三次産業が主体になった超資本主義的な段階に入っていて、日本もそこに入っているとすると、そこでの言語はそれ以前の資本主義時代の言語と違わないとおかしいんじゃないかと思うからです。

実感的におかしいと思うことはたくさんあります。たとえば、少年犯罪は法律的にいって凶悪になってきたと、だからそれに対する処罰規定としては、大人並みにしなくてはいけないという論議が起きています。世論といいましょうか、一般の民衆もまた、こんな凶悪なことを子どもがやってるのは、今の少年法では処罰が軽いからじゃないか、それでいい気になってやってるんだみたいな解釈をしているところがあります。いかに子どもでも、凶悪なことをしたら大人並みに罰するようにしたほうがいい、といったことが法律家を交えていわれるようになっています。

社会的悪と考えられるものに対して、こういう罰則を適用したり、こういう規定をすべきだということ、そのための専門用語を法律用語とすれば、そういう法律用語の専門家たちが、あんまり深くは考えずに社会に起きている現象だけを見ている一般の人たちの考え方と一緒になって、少年法の年齢を引き下げないと凶悪きわまりないものがますます多くなっていくと、そう考えているようですね。

でも僕はそうは思いません、逆にもっと年齢を引き上げたほうがいいと思います。少年法の年齢をもっと引き上げて、少なくとも大学卒業するくらいの年齢までにしたほうがいいと僕は思います。

たとえば学生運動をやって、懲役何年で執行猶予何年とかになった人でも、「復学したい」といえば、大学では「いいよ」と受け入れているわけです。一般の社会だったら、そういうことはまず通用しないですね。いったん懲役何年となったら、それは一生涯ついて回ります。労働運動をやったくらいでも、僕なんかもそうでしたが、どこの入社試験を受けても全部だめなってしまう。筆記試験で幾人かの中に残っても、面接になると必ず落ちてしまう。

なぜ落ちるんだろうか、こっちの人相が悪いからかなとか、いろいろ考えるわけですが、どう考えても信用機関みたいなところに身上調査をさせたからだというのが、一番該当することなんです。社会というのは、そういうことは絶対に許さないんだな、そういうもんなんだなと僕はつくづく思いました。これはもう内職みたいなことをするしかない、それ以外にないと思いました。これはちょっと厳しいですよ。

僕なんか、学生さんよりも大したことはやってないんだけれども、それはずっとついて回って、何か社会の内側までは入れないんだって、そういう気にさせられましたが、大学ではそんなことない。それはいいことですよ。学校というのはそういう意味ではいい場所なんですね。いくら大暴れして警察に捕まったり退学になったりしても、復学したいといえばできて、ちゃんと卒業させてくれます。

大学ではそういうことを現にやっているわけですから、いい法的解釈、あるいはいい法的言語のお手本がそこにあるじゃないか、学校を見てみろっていうことになります。それは、少年法の年齢を引き上げているのと同じことじゃないか、現にそういうことがあるじゃないかといいたいわけです。

■「少年犯罪が凶悪化している」のは結果論である

吉本　それに、最近の子どもたちの犯罪は凶悪だ凶悪だといっていますが、僕にはちっとも凶悪だとは思えないんです。精神科の専門のお医者さんも、きっとそう思っているに違いないと思います。法律家の発言や世論に足を取られずに精神医学の専門家としていうならば、きっと凶悪だとはいわないはずだと、僕はそう確信します。少年法の寛大さといいますか、寛容さというのはいいわけで、さらにもっと年齢を引き上げたほうがいいというのが、妥当な考えではないかと、僕にはどうしてもそう思えます。

凶悪だというのは一種の結果論、「結果がこうなった」ということをいっているだけのことです。動機から途中の経過を全部考えれば、とても凶悪とはいえないのに、結果的に見ると、それは酷いものだから凶悪だとなっている。法律的な言語からいっても、現象的にそう見える、だから凶悪だといわれているだけで、本質的に凶悪なわけではないんだと、僕なんかはそう思います。

頭がおかしくなっていることがあるかもしれないけれど、いつもおかしいんじゃなくて、ちょっとの間だけおかしいんですよ。二四時間のうち、ほんの数時間の間に考えちゃったことから行動に移ったわけで、そういうプロセスからすれば、ちっともおかしくはなく、それなりに妥当な判断だとみなせるケースがいくらもあります。ちょっとの時間の内におかしなことをやってしまったすぐ後で、「こんなことをやっちゃって、刑罰から逃れるにはどうしたらいいか、自分の犯行を見ていたやつはみんな殺しちゃえばいい」とか、「こいつらを放っておいたら、後で何をいわれるかわからないから殺しちゃえ」とか、そういうことから凶悪な犯行が重なっていくんですが、そう思うこと自体はわりあいに正常な判断といえますね。

犯罪に引っかかるということをやってしまうと、捕まるのはできるだけ遅いほうがいいとか、どうしたら逃げやすいとか、いろいろ考えることを異常だとはいえません。そうして、結果としては凶悪に見えるところまでやってしまう。そこで頭がおかしいといえるのは、ほんの数時間とかそのくらいのことで、あとはあんまりおかしくはない、という場合がほとんどです。

凶悪かどうかについては、普通の人と処罰する法律家と弁護する法律家と、それだけいればいいといった理解の仕方、解釈の仕方を見ていると、「いや、そうではない」と思えることがとても多くなっていると感じます。僕の判断のほうがいいとはいいませんが、どうもそういう隙間があるような気がしてしようがないんです。

■法律用語は機能の面だけで考えられている

吉本　少年法の年齢を引き上げる、そうところまで法律の言葉は変わらなくてはおかしいんです。法律の言葉が変わらなくてはいけないということは、借用語みたいに何か別の言葉をもってきてということではなくて、言語として本質的に変わらなくてはだめだということです。今の法律用語は機能用語ですね。言語には機能的な面と、機能的ではない面があるわけですが、機能的な面さえあればいいというのが、今の法律用語の一番の特徴だと思います。でもそれはもう通用しない、だんだん通用しないようになってきている。僕にはそういう実感があります。

法的な言語というのは、機能的に明晰なことをいえばいいということで、曖昧なことはできるだけないようにし、曖昧なことがあれば、その曖昧なことをまた法律に条文化していくことを、無理やりにやるんですね。そういうように、機能に機能を重ねていけばより明晰な理解になるというのは、法律的な言葉が機能の面からしか考えられていないことを意味しています。

言葉を機能だけでいうなら、「僕、今日、学校、行く」でいい。でも、「僕は」とか「今日は」とか「学校へ」というように、助詞が中へ入ってくることがなぜ必要なのかということがあるわけです。さらにいえば、詩をつくったり小説をつくったりする文学のように、もっと美的な言葉を使ってうまいことをいいたいという欲求が人間にはあります。法律の言葉のように機能だけで通用させようとすれば、行為の複雑さとか、意識の屈折とか、美的な観点とか、そういう現実の人間のあり方からますます遠ざかるだけじゃないかということです。そういうことに対する判断力が粗くなってきたという感じがしてなりません。

ですから、法律用語はもっと本質言語に近いほうへ変わらないとだめなんじゃないかと思えます。言語がこれからも変わりうる要素があるとすれば、そこしかないんじゃないでしょうか。本質的な意味での言語というところまで、法的な言語が移っていくという、これが、これから先の言語の問題では一番重要な問題としてあるように思います。法律の言語には、人間の行為を左右するだけの重さがありますから、そこが変わっていくことはとても重要なことになりますし、またそういう言葉の変化がこれから先を考える目安になるんじゃないでしょうか。

■非国家化へ向かう幻想表出と自己表出の関係

吉本　これで山本さんが三ついわれたうちの一つぐらいには応じられたかもしれませんが、まだ抜けている、まだこれはいっていないというところがあれば、いって下さい。

山本　ちょっと自分勝手な考えなんですが、共同幻想の表出の度合いがだんだん高まっていくと、上限的には国家まで行くと思うんですが、そういう共同幻想の表出の度合いが逆に空間的に狭く、自己表出度がかなり高いのが、方言的な世界じゃないかと思うんです。それで、自己表出度がどんどん落ちていって、標準語の水準まで落ち、それに対して共同幻想の空間域が国家的な規模まで指示的に拡がっていくと、そこに社会が出現してくると、そういえるんじゃないかと思うんです。

人々の間に共通の標準語があり、それと法的言語も公用語も共通している状態があって、そこで国家の側が「この日本語は国家語である」と、逆に標準語のほうに押し付けてきて、それで学校教育でその言語が通用し、文法学者も国文法をつくり、文学者も文学を表現していく。そういう形で社会がつくられていくのではないかと思うんです。

僕は、そうしてつくられた社会が、今壊れてきていると思うんですが、吉本さんがおっしゃられた、法的言語が通用しなくなってきているということを、その一つの現われだと受け止めるんです。文学者の表現も、「走行論」の中でお書きになっていますように、性が家の領域から抜け出てしまって、ストレートに性が表現されるというように、社会で規定されている諸状況を壊していく、あるいははみ出していくという、そういう幻想表出と言語表出の関係が組み立っているように思います。そういうことが、非国家化の非常に大きなポイントになってきていると感じるんです。

そうしますと、国家としての共同幻想の言語と、場所の共同幻想としての方言のような言語は、本質的に違うもの、本来からして違うものではないかという捉え方を、前古代的な領域まで含んでしていかなければいけない。またそこが見えないと、国家の非国家化といっても不可能ではないかと考えるんです。

なぜこんなことを申し上げるかというと、たとえばメキシコでは共通語、国家語がスペイン語なわけですが、それは植民地言語なわけですね。植民地言語といっても、別に支配者の言語ということではありません。解放の言語もそれで語れますし、革命の言語もそれで語れますし、支配の言語もそれで語れるわけです。それで、その一方には一〇〇近いインディオの言語があって、それらが文字化されずにいまだに言語として残りつづけています。メキシコ革命後、言語のカスティーリャ語化が一九二〇年代に公立学校のなかで進められ、国家統一化が進められました。最近では、それらのバナキュラーなインディオ言語が国家語に対して、自分たちのことは「放っといてくれ」といった位置をもちはじめてきています。

また、僕なら僕がメキシコへ行ってスペイン語を習得した場合に、そこではメキシコのナショナリティーをも習得しているんですね。アルゼンチンでもペルーでもスペイン語が話されていますが、僕にはアルゼンチンのナショナリティーは習得できていませんし、ペルーのナショナリティーも習得できていません。だけど、メキシコ現地で生活しながらスペイン語を習得すると、その土地がもっているメキシコ知といいますか、メキシコの知の体系が同時に自分の側に領有されていくことになります。

そういうふうに言語が確実にナショナリティーとして作用している場があると思うんです。そういうことは、スターリン的な機能主義的な言語の社会学ではなくて、吉本さん的な形での言語の本質論、表出論から解いていかないと、けっしてわからない問題だと思います。植民地時代の日本語と現地語の関係についても、かなり優れた言語社会学的な成果が出てはいるんですが、それらでも結局は、そのへんのことは納得しきれないところがあります。ですから、吉本さんがおっしゃられたように、言語社会学なんてやってもしょうがないんじゃないかというのは、僕にも片一方ではあるんです。でも、もう片一方に、非社会化あるいは「社会の非実定化」を考えた場合、言語の社会性を明確にしなければならないということがあります。

ですから、今いいましたように、幻想表出の度合い、あるいは言語表出の度合いの関係から社会が実定化されていくところを前提にして、言語を語ったり国家を語ったりしてもだめなんであって、それならばどう論じていったらいいのかというところで、いろいろとお聞きしたいわけなんです。

吉本　なるほどね。そういうことはよくわかります。

■日本にもかすかにトーテム信仰の名残がある

吉本　山本さんがいわれたように、メキシコを植民地化したことのある国家共同体的な言語としてのスペインの言葉と、社会的に流通しているインディオ種族の言葉のあり方との間には、大きな乖離があるということ。そういうように、国家語と種族語の分離がはっきりしていくということがあるんじゃないかという考え方は、今のお話でとてもよくわかります。

日本の場合は、二つの言語が合わさって一つの言語が生まれたということになるんですが、日本についても、そういう考えができないわけじゃないんです。

日本列島には古くからの原住民がいて、そこへ新来の人々が入って来て支配したという考えをすれば、国家的言語と地域の言語が分離していくようなことは、日本にだってありうると考えられます。ただ日本語は、そのへんがうまくできているというのはおかしいんですが、どこかに区別があるにしてもそれが明瞭ではないんです。

関連することでいいますと、南アメリカにもアフリカにも、一種族あるいは一部族が、それぞれ固有のトーテムをもっていて、自分の祖先はヘビだったとか、ライオンだったとかという宗教性がありますね。民族学や人類学では、世界のいたるところにそういう宗教性があるとされています。日本にもその痕跡があるという人もいますが、明瞭に見ることはできません。

もしかすると、これが日本ではトーテムと同じ意味をもつかなと思えるのは、中部から近畿地方にかけた山岳地域の神話にも出てくるし、今でも残っているわけですが、楠というのがあります。南方熊楠などは、わざわざ楠を名前につけているわけですが、その楠なんかがかろうじてトーテムだった可能性があるかもしれません。

あのあたりには、『古事記』にも「クズ」と呼ばれる人たちが住んでいたと書かれていますが、楠木正成などもあのへんの山の豪族だと思います。楠木という姓の人はたくさんいるわけで、そういうことから想像すれば推測できないことはないという程度では、日本にもトーテムがあったといえるかもしれません。

また日本では、原住民に対する新来の人たちの文化が、原住民の文化よりも支配的な地位に立ったのかどうかの区別も、すこぶる明瞭じゃないんです。法的な言語でも、原住民がある考え方をしていたところへ、新しくやって来た連中が違う考えをもちこんで法的な言語ができたのかというと、それもすこぶる明瞭ではない。そこのところが僕は昔から不思議で、どうしてなんだろうとずっと思ってきたわけです。

■法的言語としての「天つ罪」と「国つ罪」の違い

吉本　法的言語について、これは原住民の言葉で、これは新しく来た連中の言葉じゃないかということは、折口信夫が一番追究しています。折口さんは、『古事記』や『日本書紀』にも出てきますが、宗教的行事のときに唱える祝詞（のりと）の中に登場する、「国つ罪（くにつつみ）」と「天つ罪（あまつつみ）」という二種類の罪のあり方の違いをいっているんです。

「天つ罪」というのは、おおむね農耕に関する違反行為です。たとえば、田と田の間に引いてある水を堰き止めて、自分の田だけに水が行くようにしてしまうこと、などが挙げられています。それは「天つ罪」の一つの中に数えられ、そういうことをすると村里全体から処罰されることになるわけです。

「国つ罪」というのは、おそらく原住民がもっていたものだと思うんですが、もっと原始的なところがあります。たとえば、ある人の皮膚にコブがあるとか、腫瘍みたいなものがあるとかいうことも、「国つ罪」の一つに入っています。また近親相姦も罪だとされて処罰の対象になるんです。そういうことは自然にあり得ることだからとか、生まれつきだからというのではなくて、よくないことだ、一種の罪なんだという考えです。ようするに、自然にそうなっただけで、その人のせいじゃないというようなものが、主として「国つ罪」になっている。

「天つ罪」は農耕技術をもって日本へ入ってきた連中がもたらしたもので、比較的新しいものであり、「国つ罪」はそれ以前から日本列島にいた連中がもっていたものではないのか。そう想像すれば区別ができるということを、折口信夫が日本における道徳の起源を考えた文章のなかで論じています。多くの人たちがそれを踏襲していますが、最初にそれをいったのは折口信夫です。

そのように、日本には「天つ罪」と「国つ罪」という区別があったのではないかという考えがあるんですが、これもまた、本当にそうなのか、そういう証拠があるかとなると、ちょっと困っちゃうくらい、明瞭じゃないんですね。

■日本では社会的な言語と国家的な言語の区別がつけがたい

吉本　いわゆる社会的な言語と国家的な言語の分離については、僕らが考えているように簡単には処理できないのかもしれません。僕らが簡単に考えるのは、そういう区別をあんまりやかましくいわなくてもいい、日本という地域を対象にしているからかもしれません。そういうことでは、自分のほうはもう少し突っ込んで考えていかないといけないなあと思います。

中国についても、そう簡単にはいえませんね。広いということもありますが、ある地域の言葉とある地域の言葉がまるで通用しないところがたくさんありますし、共通の中国語があるといっても、まるで別の言葉を話している地域がたくさんあります。また中国では王朝、つまり支配勢力の交代が激しくて、蒙古人などの北方の人種だったり、呉越のように南方の人種であったり、いろいろします。時代によっても、異国語ともいえるほどの言葉の違いがあるわけです。ですから、東アジアだけを考えても、社会的言語というのと国家的言語というのは、かなり違うということを考えないといけないのかもしれません。それは僕の宿題ですね。僕は日本を土台に考えて、わりあい簡単にいえちゃうところがあるから、あまり区別なく考えるわけですが、それを一般論にまで敷衍できるかどうかはわからないと思います。

そういうわけで、山本さんのいわれることはとてもよくわかりますが、日本国でそういうにはどうしても無理があるんです。折口さんにしても、かなり無理して区別したんじゃないでしょうか。本当はそういうだけの明確な根拠はないと思えるんです。

こうした問題は、メキシコのように、一七世紀とか一八世紀という新しい時代に植民地化されたりして、明瞭にそういう区別ができるところで考察したほうがはっきりするんじゃないでしょうか。その点で、日本はあまりいい材料にならないんじゃないかなと、山本さんのいわれたことを聞いていて思いました。

■ローカルマネーの可能性と場所の言語

山本　メキシコに入ったスペインはどこを押さえていったかといいますと、原住民の信仰では夜の神と昼の神の間に暁の神がいる、それならば夜と昼の両方を押さえてしまえという具合いにやるんです。そうやって、言語と神話の世界を変えていったわけです。

吉本　なるほど。

山本　それで今、日本は高度資本主義化していくなかで、国家がその金融、つまりナショナルマネーの面をみても、もはや破綻しているといえます。そうした状況下で、地方のそれぞれの場所が、税の新しい徴収のスタイルを、非国家的にあるいは反国家的に取りはじめています。それがもう少し進んでいくと、たぶんナショナルマネーとは違うローカルマネーを使いはじめていくように思います。そのローカルマネーは、ある程度はグローバルな性格をもつドルや円やポンドなどのナショナルマネーを超えたところでの、グローバルな情報マネーというか、世界的なコミュニケーションの形を取っていくように想定されます。ローカルマネーが単に経済的な作用の問題だとは、僕にはとうてい思えません。

この問題は、国家言語や共通言語とは違う、場所の言語というものを、信仰の領域まで含めてキャッチしていかないと見えてきません。そこで、高度資本主義国家の次の超資本主義のあり方を見通していくには、吉本さんの言語表出論と共同幻想論の前古代的な位置づけを、言語と国家の関係でマネーの経済性と神話性との関係を見なおすように、きちんとやっていかないと駄目だと思うんです。そうしないと、たぶんつまらないエコロジスト的なマネーの話にしかならないだろうと思います。そこがとても大事なポイントだという感じをもっています。

吉本　なるほどね。それはあなたが、そうなっていくというのが正しいというか、そういう考えのほうが典型的なモデルになりうると思います。つまり、今は民族国家が大部分を占めているけれども、これからはどうなるかということを考える場合には、非常に詳細に見ていけないとだめなので、それは山本さんのいわれるような過程のほうが、典型としてありうるような気がします。そういうことを、いろいろな地域についてやっていかないと駄目だと思います。

■古い日本語では逆語順を使っていた

吉本　日本の場合についてもう少しいってみます。日本語以前の祖日本語みたいなもの、あるいは古代国家の成立や天皇制の成立以前まで遡れる日本語についての考察は、折口さんの考察が唯一のものです。そこで折口さんは、今とは逆さまないい方が元にはあったんだといっています。たとえば地域の名称をいうには、より大きな地名からだんだんと小さな地名へ、何県何郡何村何番地何号というようにいいますね。それが奈良朝以前は反対だった、小さな地名から大きな地名へと、逆の語順を使っていたということを折口さんはいっています。

折口さんは、日本語の祖語に近いところでは、どういう言葉を使っていたかということを、大きな枠でそういっているんです。別れのことを漢語的に改まっていうと「別離」といいますね。ところが、明治末ぐらいの詩を読んでみると、みな「離別」と使っているんです。それで、こんなところにも逆語順があるんだなと思いました。

■先住民と後住民の信仰や風俗習慣が同じだった可能性

吉本　柳田國男は折口信夫とはちょっと違うんです。たとえば、縄文の遺跡が出てきた三内丸山という地名がありま す。サンナイというのは先住民語だろうと柳田さんならいうわけです。サンナイはアイヌ語で「山の側で水があるところ」を意味します。わりあいに大きな川がある近辺をアイヌ語でサンナイというんです。そういうことからも、アイヌ語は先住民語の系列の言葉と考えられます。一方の丸山は先住民語ではなくて、中央の人がそこに入ってきてそう呼んだものと柳田さんなら解釈します。先住民と後住民が、一緒にごちゃ混ぜにそこで住んでいた、それで三内をやめて丸山になるとはならないで、三内丸山と二つをくっつけて呼ぶようになったんだと推測するわけです。

それでは、なぜ二つくっつけて呼ぶようになったのかというと、折口さんは信仰が同じ類型だから、あるいは同じだからだと考えます。だから、どちらを廃してどちらというふうにならないんだというい方をしています。種族としては違う者たちが一緒に住んだと思われるけれども、信仰が同じだったから両方の言葉を活かす使い方で、一つの場所を三内丸山というように呼んだんだと、折口さんならそうなるんです。

それが柳田國男の場合は、風俗習慣が同じだから、こっちはやめにして、こっちにしようというようにならないんだ、といったいい方をするんです。

さて、どっちがいいのかなと考えると、どちらもありそうなことだと思えます。日本人はどこから来たのか、天皇はどこから来たのかとよくいわれますが、この地名の呼び方の問題は、そういうことにも当てはまるのではないかと思うんです。ようするに先住民も後住民も、宗教がよく似ていて、トーテム信仰もあまり強いものではなかったとも、風俗習慣がよく似ていたんだとも考えられると思います。

それぞれ根拠づけが違うんですが、折口さんは折口さんの学風から、柳田さんは柳田さんの学風から、そういうふうに考えるんでしょうが、二人ともとても言語的な勘がいいんですね。江戸時代でしたら、本居宣長が言語的な勘がすぐれていて、以前はこうだったということをピタリといいます。

奈良県に当麻という地名があります。同じ当麻と書いてタイマというところがありますが、それもトウマというのと同じです。トウマはアイヌ語で、畑のような農作地があるところのことをいうんだと、当麻寺というのもそういうことから付けられたお寺の名前だと柳田さんはいうんです。柳田さんは、そういう勘がものすごくよくて、「なるほどこれは確かにそうらしいぞ」と思わせるだけのものがあります。

■p音、濁音、枕詞から探れるもの

吉本　沖縄の学者では伊波普猷という人が、古い日本語について「p音考」という考察を書いています。伊波さんはそこで、現在はh音で「ハナ」と発音しているけれど、少し前はf音で「ファナ」だった、その前はp音で「パナ」だったというんです。なぜ、そういうふうに音が変わったかというと、人間というのは、だんだん口を開けるのが面倒くさくなってきて、あんまり口を開けなくても済むように、音が変わっちゃうんだろうというい方をしていて、それでだいたい通用しているように思います。でも僕なんかは、本当にそうなのかなと思います。

柳田さんや折口さんは、そういう細かいことではないですが、大きいことではとても正確にやっています。それは彼らが、国家の構造とか社会の構造の問題を、ちゃんと対応させながら考えているからだと思います。確かに勘でいっているんですが、これは当たっているなと誰にも思わせる要素がある。それは、そういう対応がしっかりできているからだと思えます。本居宣長でもそうですね。よくもまあ、この時代にこんなことを考えられたものだというくらい、ぴたっといい当てているところがあります。

「p音考」みたいに口を開けるのが面倒だからというのは、ちょっと本当かねえという感じがしますが、濁音と清音のどちらでもいう言葉があれば、濁音のほうが古い言葉だ、古い日本語だといっていいんじゃないかと思います。

僕は枕詞のことをよくいってきましたが、「八雲たつ出雲」と歌にもあるように、「八雲たつ」という「出雲」に冠する枕詞があります。

「八雲たつ」のほかに「出雲」にくっつく枕詞にはもう一つ、「やつめさす」というのがありますが、出雲地域の郷土学者みたいな人たちは、「やつめさす」というのは、宍道湖から日が出てくるときに、雲がたくさん重なってきれいな状態をいうんだといういい方をするんです。

でも、それは間違いだろうと思います。僕らの考えだと、枕詞で一番古い形は、地名と地名が重なっているとか、人名と人名が重なっているとか、同格の言葉が続いている形です。ですから、「やつめさす」というのは古い日本語の音であって、「やつめさす」と同音に聞こえるところから、「八雲たつ」というようになったと思うわけです。

僕は理論的にそうなるはずだと思っていますが、沖縄の『おもろさうし』を読みますと、とくに雲が立っているわけじゃなくて、神々しいところとか、神様がいるところを、「八雲たつ」と「やつめさす」の中間ぐらいの音でかな書きしているんです。その言葉は、神社の元ともいえる沖縄の御嶽に冠して表現されています。ですから、「やつめさす」というのは、「神々しいところの」とか「神様が住んでいるところの」とか、そういう意味合いの言葉になると僕なんかは思っているんです。

■天皇家が「山の人」出身だった可能性

吉本　また、天皇家に何らかの形で関連がある種族あるいは部族を考えてみると、僕は山の人のように思えるんです。いわば山岳地帯の少数民族だと思えてならないんです。

そう思う理由の一つは、日本の神話にある海幸彦と山幸彦の話です。あるとき山幸彦が「自分も釣りをしてみたいから釣り針を貸してくれないか」というと、海幸彦が「それなら自分は山で狩りをしたいから弓矢を貸してくれ、そうすれば釣り針を貸してやろう」といって、二人が道具を交換します。それで山幸彦が釣りをして魚に釣り針を取られてしまい、海幸彦から「釣り針を返せ」といわれます。

それで山幸彦が困っていると、鮫が現れて海の底に連れて行ってくれ、海の底の神が魚たちを集めて「誰か釣り針を呑んだやつはいないか」というと、鯛が呑んでいたことがわかり、それで釣り針を手に入れて海幸彦に返すことができた。しかし、返してやったのに海幸彦が文句をいって争いになり、山幸彦が海の底の神にもらった呪具で呪文をかけて海幸彦を降参させてしまう。

そこで海幸彦が山幸彦に対して、「これから私は子々孫々、あなたの守護をします」というようなことをいい、山幸彦の子孫が天皇の祖先につながっていった、海幸彦の子孫は今の鹿児島の隼人だという話です。

ようするにこの神話的伝説では、兄が神と人間の間の仲介者になり、弟が天皇となって地上を治めるようになった、そのはじまりだというように語られているわけです。これは、わりあいに歴史に近いところの神話であり、天皇家は山の人の出身だといっているんだと僕は思うんです。

また別の神話では、九州からやって来た山幸彦の子孫である神武天皇が大和に入ろうと難波に上陸したら、長髄彦（ながすねびこ）に妨げられたので、熊野のほうへ迂回して大和に入ったという話があります。この長髄彦も、種族としては同じ山の人の出身で、先に大和に行っていたのだと思います。

そのように、神話では山の人だということをしきりにいっていますし、高千穂の頂に降りてきたとも伝承されているわけですから、天皇家はやはり山の人の出身だという気がします。

そういえるとは思いますが、歴史以前の時代のことですから、言語的な区別はもはや曖昧になっています。ですから、そこを分けることは、日本の場合はあまり必要ではないと思うわけです。

結局のところは、日本語を山本さんがいわれるような国家的言語と社会的言語の区別についていうならば、公文書はみな江戸時代までは漢文を使っていて、世間一般では日本語のそれぞれの方言が使われていたということ、いえるのはそれだけで、あとは全部確実じゃないということですね。

本当は山本さんのいうように、もう少し普遍的な要素を加えて区別がいえないと、これから言葉がどういうふうに展開するかというところが、なかなかはっきりしてきません。しかし日本の場合では、どうしてもそういかないんじゃないかと思います。

ですから、山本さんがいわれる例のほうが典型的だと思います。これからのことを考えたり、国家的言語と社会的言語の分かれ方や混合の仕方を考える場合には、日本語は典型例にはなりませんね。僕らとしては、もう少し要素を増やしていかないと、ちょっと間違えるかなと、山本さんの話を聞いていて思いました。山本さんが国家や社会の構造の問題を対応させて個々の問題を考えていくところは、とても重要な気がします。

山本　吉本さんの本質論とフーコーの言説を重ねて、歴史的な現在的な問題に対応していくことが、マルクス主義／構造主義の世界思想を超えていく。その二つの思考・思想が世界線で根本的なところなのは、もう確実なんです。欧米の連中は吉本さんを読めませんから、吉本さんの英訳を含めて、これからしっかりと問題を呈示していかなければなりません。彼らは、すぐれているのはほんの一部ですけれど、きちんと受け止めていきます。吉本思想はほんとうに重要な意味をもっているのです。吉本思想を社会科学的かつ文化科学的に世界線で理論化していく課題を、『吉本隆明が語る戦後五五年』とパラレルに刊行し、詰めていきたいと考えています。

長時間お話し下さって、どうもありがとうございました。

高度資本主義国家論

——非国家的場所政治の出現——

Tetsuji YAMAMOTO

Highper-Capitalist State:final draft/11.04.2002/Tokyo

〔古典的国家理論をデプラスマンし、統治心性の権力論／政治学に潜む国家理論を抽出し、これらを、現在性の政治理論へとくみかえることを『場所政治』（三交社）でこころみてきたが、「現在性」の国家理論は、国家を非在化する高度情報社会の渦中にあって、情報技術の規制化からとらえかえされる歴史的位置にある。国家の規制諸条件が歴史上前例のない高度な次元に入っている点を明らかにせねばならない。それは、「下部構造＝経済」とみなされたこれまでの産業経済観を批判否定的に再考し、「下部構造＝情報／環境」となった現在の歴史時点を批判肯定的に把握することによって、相互媒介的にきりひらかれていこうが「文化的転回」といわれた文化理論の成果と地平から政治国家をとらえかえすことが、理論の歴史的条件として要される。この時、ポストモダニズムやポスト構造主義、および、ポストコロニアリズム／カルチュラルスタディーズの理論的陥穽におちいってはならない。それらは、歴史的な諸条件を加味しているようで、実際のバナキュラー的／場所的なプラチック条件を希薄化しているものである。表層の歴史は、歴史そのものから手痛い仕打ちをうけよう。おさえこまれている者への善意でもって歴史を語りうるほど、歴史は甘くない。〕

（0）〈高度〉とは何であるのか？

高度資本主義は、三つの条件から形成されてきた。第一は、第三セクター的なサービス諸制度や諸システムを、公私の領域をこえてつくりだしてきた《サービス国家経済》としてであり、第二は、急速な情報科学技術の進歩によるグローバル化が、光速度の情報流世界をつくりだした《情報の国家技術経済》としてであり、第三は、過剰商品の蔓延による多品種少量の消費者生活が、労働を地盤とした暮らしのスタイルを、《使う》暮らしのほうへ比重をシフトさせた《消費の国家商品経済》としてである。これら、《サービス／情報／消費商品》は、実のところ、国家経済の枠をこえてしまうものであるゆえに、国家が存在根拠の最終形態として必死に国家枠内の秩序へとどめようとしているものでもある。《国家をこえる経済》と《国家へ再秩序化される経済》との双方のせめぎあいが、「高度資本主義国家」の特徴としておきている。

高度資本主義国家とは、「商品の国家」と「資本の国家」とがせめぎあうもので、このせめぎあいの場が、次々と高速度で変貌している国家を《高度》と呼びうる。実定領域が急速に変わってきている。

根源的な誤認は、「商品の世界」を「資本」主義とみなしていたところにある。商品は商品であって、資本ではない。commodities, merchandises, goods は、モノの名辞であり、資本とは異なるものである。資本主義とは、資本家が生産手段としての工場を使って、買いとった労働力から商品を大量生産し、交換市場へ売る社会のように理解されてきた。

経済資本が商品を生産して暮らしのなかへ普及、浸透させてきたが、商品は資本を包摂しえない。商品と資本の対立は、商品が社会的に画一的に拡大していけばいくほど、資本の固有さ、個的な存在が、対立的になってくる。資本とは資金や資産と同致されてしまうような経済資本だけでなく、文化資本、象徴資本、自然資本、環境資本等々、種差的に存在し作用している固有なものである。

吉本隆明は、この実定性の変貌について、多様な角度からせまった「高度資本主義」論を思想的に示しているが、客観主義的な経済理論で論じえない領域が構成されているためだ。

他方、実定性の多面的な変容をよいことにおしゃべりに近い言述を産出した典型が、イギリスのステュアート・ホールであり、フランスのジャン・ボードリヤールであり、USAのF・ジェイムソンらである。

時代の変化は言語の変化を生成するが、それを対象化する理論言説が、ディスクール的プラチックの地盤そのものを変えるのか、それとも表層プラチック現象変化に追随するだけのものなのか、根元的な違いがある。高度資本主義のもう一つの大きな問題が、かかる言説上の多面的表出をどう把握して理論プラチックするかにある。

さらに、いかに社会システムが高度化しようとも古代からかわりえぬ共同体的な空間が共同幻想の場所性とともに存続しえており、かつ、その境界と空間化の間での歴史的な変遷が、とくに「言語（ランガージュ）」とのかかわりで表象されている。国家が常に境界制覇として介入せざるをえない事象と表象がここにはみられる。歴史をこえる歴史的なものの存在が、この領域の困難さを物語っている。

〈高度〉とは、基本原理が本質的に同じであるのに、表出の度合いに応じて物質秩序と象徴秩序とが変容した状態をいう。基本原理とは、生産とは消費であり消費とは生産であるという経済関係をマルクスが明らかにした商品形態にかわりないものが現実を構成しているが、しかし、商品の物象化において、その物神性とは異なる産業的生産様式が社会秩序の側から規制的にくみたてられて、サービスや情報がその規制をうけつつも逆に商品様式のあらわれ方を変貌させていくという相互構成が高度になっているということだ。

マルクスは、技術の発展からこうした変貌をとらえ、剰余価値の形式的な包摂から実質的な包摂への飛躍を認識したが、マルクスが歴史的段階の水準からして不可避的に語りえなかった次元が１９８０年代からの、技術における「情報技術」の急速な発達と、さかのぼる１９６０年代での制度化の側からのサービス経済の徹底である。前者は、物質秩序をまったく新たにつくりかえてしまったものであり、後者は象徴秩序を改変させてしまった。商品化されえない使用価値があると想定されていたものが、商品化されてしまった次元である。

別の言い方をすると、産業経済という未熟な経済秩序が、商品集中市場に浸透することで、制度審級が構造化する構造として商品経済の変容をもたらしたとともに、「資本の複雑さ」を高度に活用しえず停滞した状態にとどまっているのが高度資本主義である。この高度資本主義は国家による規制を秩序化しないことには存続しえない「高度資本主義国家」を編成した。純粋な下部構造経済が国家＝上部構造を規制するという生産規定からではとらえきれぬ〈社会秩序化〉がなされたのだ。経済学的認識の限界が、社会学的認識によって補完される〈経済学―社会学〉の思考技術が――さらに生物学上の思考技術をもって補充される三つの思考技術が――社会技術として機能するシステムがつくられた。〈働き―語り―生きる〉近代人間がおりなす社会秩序の内部性の「高度化」が構成されたともいえる。この高度資本主義国家は、国家間の境界をこえる〈労働―技術―情報〉の次元をつくりだして、超国家的な世界秩序化を促進した。APEC、G7、WTO、そして、AFTA、NAFTA等といった超国家間協議が、政治経済の安定と秩序化のために運営されたのは、その国家的表象の限定づけをともないつつも商品交通が世界化し、労働力の分配が輸送の加速化とともに世界市場化し、情報の光速度流が国際化するという技術科学の発達次元が、ひとつの段階／水準をきりひらいたためである。工場すなわち労働力の海外移転と技術の海外移転が、飛行機交通と情報交換の世界化とともに、世界分業―世界交通をかえた。これは、充分、マルクスの射程に理論的に入ってはいる。しかし、現実は、マルクスには予想し得ない物質秩序の実際的な変貌をまねいた。半導体／超伝導子の発明と日常生活への実際化＝使用化である。

情報流は、国家秩序そのものを非意味化する物質力を働かせてさえいる。

そして高度資本主義国家は、情報流をいかにコントロールするかという「高度情報主義国家」へと過度的に変貌している。情報の経済化との相互交通のなかで、商品経済を維持しようとしたとき国家統制が不可避的に要される。

つまり、「情報経済」は商品集中市場を解体する力をもち、国家経済＝国民経済を非意味化していく力をもつ。資本主義的生産様式と情報生産様式の同致と対立は、経済秩序の死活の問題となり、国家の介入的統制がそこで働いている。高度情報主義国家を過渡期と位置づけるのは、情報交通様式が、国家の非国家化を物質的に促進しているからである。

新しい理論的な問題構成の場が、実際に出現している。

第一は、**国家と場所との対立**、

第二は、**商品と資本との対立**である。

これらは、共同幻想と個人との関係様式をかえる本質的な変容を招いている。共同幻想下におかれていた個人は、共同幻想をはみだしこえる個人として働きうるようになっているのだ。

他方、産業経済による環境破壊は、自然破壊を地球規模で促進する産業国家経済の枠をこえる「地球破壊問題」を出現させた。一方での情報の地球世界化と他方での環境問題の地球世界化が、新しい下部構造的な規制性を発現させている。〈国家秩序〉の統制をこえる〈情報と環境〉が〈高度〉な国家の新たな課題になってきているが、国家の枠内で対処できる問題ではない。

現象上、多面的、多彩的に指摘しうる〈高度さ〉の特徴を、理論的に対象化し、理論プラチックしていくには、政治領域や経済領域の各々を客観化していくだけでは不十分で、国家秩序の再編成がいかなる生産様式との矛盾、対立、再調整をうみだし、いかに、非国家化の方向性が設計しうるかという視座からとらえねばならない。〈場所政治〉の新たな政治設計が、理論＝実践の政治設計学的な視座において、意味を働かせうる次元に入ったのだ。

第一節　後期資本主義と高度情報主義国家
——消費社会をこえる〈高度〉な地平——

「後期」ないし「晩期」と形容された資本主義は、消費商品の蔓延／普及化を地盤に構成された国家経済の変化を不可避的にさしている。世界経済化されたといえど、国家経済を守る前提はかわっていない。第一次農業生産物が生活商品化され、第二次工業生産物が消費生活商品化され、第三次サービス生産物が制度商品化された状態になっている。第一のものは、スーパーマーケットへ陳列される農商品から直接に産地からとりよせられる農商品までの幅で、農商品のディスタンクティブがおきている状態である。同じトマトやキュウリでも、産地が明示され、味や品質の品位化／卓越化がなされ、コストが違うという状態である。他方でまっすぐなキュウリや同じ大きさのトマトが、物流の効率性のみで徹底されている状態がある。第二のものは、製品としての基盤は技術上あまり変わりない質が提供され、付加的な価値として装飾性や付属機能による差別化／卓越化がなされデザイン上の好みの選択が生起している状態である。これは、テレビ、冷蔵庫、洗濯機といった家電の個電化から、携帯電話のような個電の多様化へとすすんでいる。第三のものは、サービスが品質保証の次元をこえ、ポイント制による価値還元という商品に付帯するサービスの換金化から、制度が提供する教育や医療やモーター輸送などのサービスが規則化／規範化され、生活の必需品へと浸透した状態までをさす。

この三つの主要領域を総じて、《消費者化》とよびうるのであって、第二次インダストリアル商品の消費化のみをいうのではない。それは、つまり、第一次／二次／三次という産業経済の初期的区分が意味をなくし、商品生産様式がまったく新しい次元で構成されてきたことを意味する。商品集中市場を場にした産業的生産様式を地盤とする生産様式が、日常生活の決定的な場になったということだ。〈商品〉は、したがって、支配的なものとして、その産業商品的性格のすべてを経済的領域へ浸透させる位置を占める。〈商品〉そのものの位置がかわってきているのが、後期／晩期資本主義の第一の主要な特徴である。

他方、いわゆる「ブランド」のあり方がかわってきている。ヨーロッパの古典的なブランドは、顧客層が決まっている閉じた関係世界で成立し相続されていたのに対し、ルイ・ヴィトンの店に日本人が行列して買うというような選ばれた大衆化現象へと変容した状態になっている。しかも、本店に品物はなく、日本のバイヤー達が買い込んで日本で通販を通して売りさばくという流通現象の変化にまでいたる。エルメスのバーキンなど百万円を超えるバックが日本という市場で売りさばかれるという奇妙な「ブランド化」の現象である。フランク・ミュラーの時計が、アラブ人と日本人の間で「選択大衆化」されるという状態だ。これが、後期＝晩期資本主義の第二の主要な特徴である。

《選択大衆化》とは買い手が特定の顧客から、匿名の顧客へ大衆化／一般化されたものの、高価な品物を買いうる顧客は選択的でしかないという現象を示す。この現象のうらには、家族的購入から非家族的購入という、家族の相続的な特典から個別消費者への客層の変化が、非家族的な社会人間関係のなかでおきている特徴がある。恋人レベルでのプレゼントが主なる位置を占めるか、OLやホステスが一人で自分の力で買い込むという現象だ。

かかる現象の根源で生起している理論的な変化とはいかなるものであるのか？　これは、商品の物象化／物神性というカテゴリーをこえた、資本のレベルで潜在的におきている変化ととらえるべき問題構成が要されている。商品次元での変化以上に、資本次元での変容化ととらえるべき問題設定が求められているのだ。

それには、産業的生産様式を商品生産の地盤にしたうえで生成する、文化資本／象徴資本の表出の変化／転化ととらえるべき問題構成の系を、明示することだ。くわえて、情報流と交通の高度化の実際が関わってきている。現象的には、情報が広く安く普及、伝達されていることと、気軽にパリやニューヨークへいくことができるようになったというものである。東京にブランド店が次々と開店していくという現象でもある。マネーのカード化と情報化が、さらに作用している。情報化が商品の交通様式と空間化に変化をもたらしている。これが、第三の、後期＝晩期資本主義の主要な特徴である。

商品生産の場の変容、商品消費の場の変容、そして、商品流通の場の変容、これらは、商品経済形態そのものをかえるものではないが、商品が作用し働く表象の場「商品の動き」の場を変容させている事で、社会的諸関係の秩序を内部変容させている。経済が社会的に働く場が、下部構造の位置／場から、社会そのものの場へと上昇してきているのだ。国家＝上部構造と経済

＝下部構造の関係場の変容が、国家そのもの、経済そのものをも外的に変容させざるをえない段階へ入っている。それが、後期＝晩期資本主義での〈高度化〉された状態である。

まず、社会状態の高度化にともなって、社会を対象化する理論の変容がおきている。その意味と限界を明らかにしておきたい。

次に、《高度さ》の基軸になっている情報技術の世界化が、どのような変化を多元的な次元でまき起こしているのか、その現象を〈戦争〉の表出の変化において把握しておきたい。ついで、『ハイ・イメージ論』で吉本隆明が、多様な対象をとりあげて考察をくわえた次元を「想像的生産」の概念としてとらえる理論地平を確認しておきたい。

この作業をへることで、先端的に生起している諸問題を、「後期＝晩期資本主義」論の問題域からはとらええないことを明らかにし、経済を経済学で論じることも、政治を政治学で論じる事もできなくなっている《現在性》の歴史的存在を、政治経済的に明らかにしていこうと思う。

1、〈高度さ〉の理論的変容

―「後期＝晩期」資本主義論をこえる理論的地平―

１９７０年代から、社会変容を対象化するうえでの理論変容が、60年代の構造主義による理論的切断をふまえて、生起してきた。社会科学上の理論変容は、１９７０年代の前半における問題開示、後半における理論体系化として基盤的になされたといっていい。社会の高度化による変容をとらえるものは、「後期資本主義論」「晩期資本主義論」というマルクス主義枠内での革新につづいて、「消費の社会」をとらえるところに、その真価を問われた。ジャン・ボードリヤールの考察ほど、暫新な視点として、消費社会を変容をもって鋭く分析したものはなかったが、その限界も顕在化していく。様々な考察が、人類学や精神分析や社会学等々でなされたが、「消費の社会」の先導的な出現の実際が、様々な物事の見方、考え方をかえるのを強いたといえる。社会そのものの存在根拠への視方がかわってきたのだ。もはや、低開発論／依存論／周辺部資本主義論といった1960年代の後進国側からとらえかえされたマルクス主義的な経済理論で、世界／社会の解析がなされえない地平に、「消費の社会」論が拓かれたといえるが、そのはざまに併行して「後期＝晩期」資本主義論が出現した。

「消費の社会」論は経済現象を、社会的に読みとくという問題視座からなされているが、それを、社会理論としてより深めたのが、ピエール・ブルデューの理論であり、『ディスタンクシオン』によって、全く新しい社会／経済理論がきりひらかれた。「消費の社会」論の現象的な分析に比べて、ブルデュー社会学は、社会科学そのものを、哲学的な地平をふまえつくりかえ、経済主体の社会的なあり方を理論考察することで、《資本》概念そのものを大きくかえたところに卓越性がある。諸個人の美的選択が、カント的な純粋美学によってではありえないこと、さらに、経済的な行為が、純粋経済学になされえないことを、この双方から、社会的判断としての経済的／文化的な構造がどのように構成されているかが明示された。

ついで、ポスト・モダニズムの表層的な社会考察が多々産出されていく。構造主義の表層と記号論の表層とが、消費の高度さによって切り拓かれた諸関係の恣意性の度合いの高さと広がりに応じて、表層のおしゃべりに近い、どうでもいいような論述を産出した。スチャート・ホール、フレデリック・ジャイムソンは、その中でも、先導的なものと評されていたが、ほとんど意味作用の根拠をかえるようなラディカルさはみられない。

つまり、わたしたちは、「消費の社会」論によって、分水嶺的に社会科学的考察において、新たな潮流がうみだされた成果をふまえ、さらに、それが、当然のことながら、古典的な思考秩序とそれに対応する社会秩序にかわって、新しい社会技術の開示とともに、新しい思考技術が同時に切り拓かれている次元をふまえて、〈高度資本主義〉をどう考察していくかが問われているのである。

その次に、「情報の社会」がやってくるが、まずは後期資本主義と消費の社会との関係次元をおさえておこう。

(a) 後期／晩期資本主義の経済論的限界
―マンデル／ハーバマス―

エルネスト・マンデルの後期資本主義論とユルゲン・ハーバマスの晩期資本主義は、マルクスが切り拓いた資本主義論の重要な修正理論であるが、それがもつ限界と意味はどこにあるのか確定しておこう。

マルクス主義経済学が犯した三つの根本的な誤り―①資本の運動法則の説明に再生産様式を濫用　②資本主義的生産様式の発展を単線的な因果関係で分析　③歴史全体を説明する普遍的回答をもとめるあまり現実に適用可能な複雑理論を定式化できなかった――のため、完全雇用、賃金上昇、労働者に消費される大量商品群、福祉国家という、以前存在しなかった正当性が、資本主義システムに付与されていった事態をとらえられなかったと、マンデルはいう。

○資本の有機的構成の高度化と資本の部門間配分
○流動資本および固定資本における不変資本割合の増大
○搾収率と蓄積率の上昇
○資本の回転周期の変化
○生産財生産部門と消費財生産部門との間の交換関係の変容

といった、多くの要素の相互作用から資本主義的生産様式の大きな変化と発展がなされた。

エルネスト・マンデルは、マルクスが定式化しえなかった長期波動論をもって「利潤率の傾向的低下法則」と産業恐慌とをつなぐ「失われた環」を見いだす。後期資本主義下では、通常のサイクルと異なる、利潤率の上昇と下降をとらえる。

(1)　戦後ほとんどの工業諸国における搾収率の恐るべき上昇と実質賃金の戦前に比しての低下が、利潤率の著しい増大をもたらし、資本の蓄積過程を有利にした。

(2)　第三次技術革新とよばれる技術革新（エレクトロニクス、原子力エネルギー、合成原材料、プラスチック etc.）が新しい生産物をつくる新しい生産過程を大規模に拡張したため、労働構成のあり方が変革され、労働生産性の著しい増大、生産費に占める機械と原材料の低コスト化をうんだ。これが、利潤率の回復、資本蓄積の増大、さらなる技術革新の促進、利潤の増大へと結びつく。

⑶　それによって好循環が登場し、生産物の置き換え（ガラス・木からプラスチック、自然繊維から合成繊維 etc.）実質賃金の一定の上昇をまねき、新しい生産物にたいする需要が創造された。そこから、大規模産業部門が大量消費を繁栄させ、生産の拡張がより高い所得をうみ、より多くの税収をもたらし、政府の財政支出能力は集団ニーズをみたしていく。保健医療施設、公教育の拡充、年金制度の普及、失業保険の拡充といった、福祉国家化がすすむ。経済への国家介入の増大が需要維持政策実施に利用され、周期恐慌の衝撃を吸収することでの経済拡張がもたらされた。

⑷　ケインズ主義は、資本主義的拡張の必要性に対応するイデオロギーとして作用し、恐慌をさけ完全雇用を達成する経済政策がとられ、実質賃金の上昇が利潤率に影響を与えることなく消費の増大を保障した。

⑸　かくして、国家が、完全雇用と、増大する社会的支出を保障し、集団ニーズをみたす福祉国家となり、労働者組織は社会平和の継続へむけられ、システムそのものを問題としなくなった。

その結果、工業諸国の住民の大部分の生活水準が大きく改善され、完全雇用・高賃金・大量の消費財を労働者は手にいれ、福祉国家化とともに、資本主義の正当性が付与されていく。

後期資本主義のこうした上昇局面は、しかし１９６０年代以降長期波動の下降局面をむかえる。搾収、貧困、不平等、社会的排除は、上昇期で並存しつづけ、かつ、環境負荷が産出されてきた。公害を排出するエネルギーの大量消費をする諸技術、第三次技術革命のもたらした浪費、資本主義的生産の貧欲さにもとづいた消費水準の普遍化が、地球的規模の環境危機をまねいた。

それとともに、利潤率の劇的な低下がおこる。①完全雇用政策と労働運動の組織化が搾収率の上昇を妨げた。②第三次技術革新の成果は一般化し、特別利潤の源泉であることをやめ、過剰生産と競争の激化の源泉にかわった。③恐慌抑制策の人為性は、インフレーションを悪化させ、国際通貨制度の危機をまねき、貿易と資本循環に否定的効果をおよぼした。④原材料と燃料を安く利用できた時代がおわった。

こうした事態は、供給上の危機からもたらされた。大きな需要は価格の上昇をひきおこすだけであり、投資は収益性ある事業を見いだせないため増大せず、雇用も増大せず、高コストによって縮小した収益性の回復のため人員削減がすすむ。つまり、需要の増大にもとづいた経済政策は、利潤率の回復をもたらさず、生産と投資に積極的な効果をもたらさず、インフレーションをひきおこし失業を悪化させる、危機をまねいた。永続的インフレーションがつづく。


マンデルは、このようにこと細かく、戦後の後期資本主義の複雑な諸相を長期波動における上昇と下降のからみあいから分析するが、マルクス主義にイデオロギー的に介在してくる「否定的局面」を必ず指示する。それは、半面の現実であれ、歴史の段階が切り拓いた社会変化や文化変化をとらえているものではない、経済域での抽象化である。「労働者の実質賃金の上昇」の後、なにが社会的に生成してきたのかは、語られない。

こうした経済主義的な後期資本主義論はことのあり方を一面で示しこそすれ、社会生活上の変容をとらえるうえでは不十分きわまりない。経済学そのものの限界は問われることはない。

ハーバマスの晩期＝後期資本主義論は、技術やコミュニケーションをあつかって、もう少し社会的である。

(b)「消費社会」論の記号論的限界
—ジャン・ボードリヤールをこえる—

後期／晩期資本主義の社会表象は、商品が徹底して生活へゆきわたった「消費の社会」である。自分の暮らしは、必要な商品でなく、好みの商品を選択して成り立つ。多彩な商品が市場に氾濫し、商品へのアクセスが自由であるかのように錯誤されるほど、個人化しうる商品がつくられ売られている。「消費」の社会化は、先進国のみではなく後進国にも同時的にすすむ。

ジャン・ボードリヤールは、使用価値／交換価値の商品形態ではとらえきれない「消費の社会」における商品を、記号価値からとらえた。記号的差異化が価値形成を構成するというものだ。そして、心理的な、たとえば、「やせた曲線」の強迫観念におちいるような先進的な〈信仰―神話〉のあり方を物象化論への修正の次元に対応して明示した。消費社会の新たなステージを読みとくうえで、ボードリヤールの考察は刺激的でさえあったが、説明次元をでるものではない。

ベーシックにマルクスの商品形式の考察は、かわることなく通用しうる。物象化／神話の表象形態がかわったことを説明したにすぎない。それは、記号表象が付加されただけのことであろうか？　ある生産様式が別次元で構成されたと考えられないか？

つまり、「消費の社会」の成立根拠はいったいなんであるのか？　ということだ。生産力の水準があがったことの「次は何か？」がはっきりしないのだ。経済学的な解釈に社会的な解釈をつけても不鮮明なものが残る。

マルクスの〈土地―労働―資本〉の三位一体の領有様式を、現在の「消費の社会」の成立根拠として再考することが肝要である。土地が売買されるのではなく、使用される空間で、制度が構成され、サービスが供給される。土地の使用、活用が、商品形態を高度に促進する。商品の画一空間の構成（どこへいっても同じような商店街、コンビニ、学校、病院、自動車の空間）とともに、生活空間への商品／サービス介在が徹底する。制度規範と過剰サービス供給が、消費社会の根本条件となっている。コンビニという空間が土地使用上の社会空間につくられないとありえない商品サービスの供給空間である。コンビニはものを売るだけでなく、ファックス、コピー、電気・電話料金支払いなどのサービスをも提供している。その原基は、学校や病院としての土地使用が、制度規範を伴った教育、医療のサービス供給を生活へ徹底させたうえに成立しうる。

次に、労働様式において、賃労働のみでなく、家事という主婦のワークが、イリイチがいうようにシャドウ・ワークによる価値をうみだしただけでなく、イリイチがいいえていない家事労働という行為様式が、主婦以外の諸個人ひとりひとりの商品の消費行為へ転じられていった点が、「消費の社会」のもうひとつの根本条件である。誰でもが、商品／サービスを家事のかわりに購入できる諸条件が経済的にアレンジされた。掃除やものの後片づけなど何でもする便利屋なる商売はその典型である。つまり、〈賃労働＋シャドウ・ワーク〉の労働様式における労働行為のかわりに、商品の消費がとってかわったということである。

第三に、経済資本をもちえずとも文化資本をもった者によって、消費行為の差別化、品位化、卓越化がなされた。消費の社会における多品種少量の生産物の商品を選ぶ好みが、個人化され、その個人の文化度において消費が構成されるという、ブルデューが階級差として明らかにした事態が、より個人化された状態において「消費の社会」の成立条件となっている。

表象の記号的差異を可能にした〈土地―労働―資本〉の三位一体の根本構造における変容が、しかし、マルクスが対象化した世界において――ということは商品集中市場の世界をでることなく――消費の社会が成立しているのである。制度様式／労働様式／資本様式において、消費の様式が優位となる経済構成がなされたということだ。

ボードリヤールは、生産概念の再検証へすすんだときつまづいた。マルクスの表象の読みが招いた必然である。ボードリヤールによって明示された「消費の社会」の〈神話と構造〉は、マルクスが切り拓いた三位一体の生産様式を領有しえていないため、表象の考察と〈象徴交換〉の人類学的な根拠づけへ横辷りし、そのまま、現代社会の現在性を、表象で語ることしかできない思考へと停滞した。

マーシャル・サーリンズは、〈象徴的生産様式〉というより広範な構成的な概念をもって、マルクスやボードリヤールの考察を、象徴生産様式における「親族生産様式から商品生産様式への転化」ととらえ、ボードリヤールの考察が使用価値に対応する「有用化 utilization」をとらえたもので、人類学的には、文化における「有用性　utility」が、交換価値／使用価値になりうるか否かを決定づけるという文化プラチックの次元を切り拓いた。

ここは、きわめて重要なポイントで「消費の社会」の社会プラチックが、本格的な文化プラチックの存在を逆に明らかにしたのである。使用価値になりえない有用性の文化プラチックの次元を問題にしないかぎり、経済アクションの説明は成立しない。豚を食べない文化圏では、豚肉は使用価値にもなりえないのだ。

ボードリヤール自身による象徴交換の方向でなく、ボードリヤールをふまえたサーリンズの「有用性」の文化プラチックの方向性の方に、理論上の意義がある。これは、マルクスが資本論において、交換価値になりえない使用価値としてとりあげた水や空気が、まさに有用性として使用価値／交換価値となっていく「消費の社会」の商品化の徹底という高度さを示すことへつながる。日本でも、「〜の水」という商品化―水道の水が安全に飲めるにもかかわらず―が浸透していくと、すでにヨーロッパにあった「エヴィアン」の水のように、ブランド化された水が市場で売られるようになり、「ガス入り」か「ガスなし」かの水の選択肢が入り込み、バーでは、水割り用のビンに水道の水をいれただけのものが擬装して値段がつけられて出されたりする現象にまでいたる。水のパック化＝商品化は、生命的な存在が商品化される、「バイオ商品」の高度さへいたる新しい地盤であったといえる。

空気清浄機、水の清浄機から整水器までと、様々な、有用性の商品化がすすむ。日本では食の次元における「おにぎり」の多様な商品化が、メルクマールとなっている。商品化された「おにぎり」とともに、日本の消費社会は成立し、〈高度さ〉へブレイクする次元に入ったといえる。その程度の〈高度〉消費の社会であるということでもある。

後進国における「消費」の社会現象はどのようなものになっているのか、同時性の進行の意味がちがってくる。まず、自動車とテレビとビル建築という三つの現象にくわえて、清涼飲料水を中心にした加工食品の同時浸透がなされているといえよう。先進国で一般的に手にしうる物は、だいたい手に入るといってよい。テレビでは、同じ商品が宣伝される。ただ現象的にちがう点は、シェラトン・ホテルで、５００円のカフェ・オレが、すぐ隣のカフェでは50円で飲めるという、点的な段差が厳しく、乗り合いタクシーのように交通の集団化が残存するということだ。メキシコがそういった現象を少しずつ10年ほどでクリアしていったことが、モロッコのカサブランカでは進行中である、といったようにみえるが、先端的なものは、点として同時に存在してしまう。面一化していかないところに、バナキュラーな力が残りえているとみなしてよいだろう。

こうした諸現象は、いかに数値化したところで意味はない。本質的に先進国的現象は同時進行し、ただ、バナキュラーな力の度合いが残存性をどこまで非産業的に継続し、場所性へきりかえられるかがかかっているる、とおさえることしかできない。遅れているのは産業経済化の面的な度合いだけで、残存するバナキュラーさのほうが先進性へいつ切りかわるかわからない、ととらえられておく方が正確であるように思われる。バナキュラー文化が産業的な社会化の実定化に対峙しえているところが、本質なる表出であるとみなしておくほうが、思想的に正確さをえるように思われる。後進国内の先端的な都市が、そのようであるゆえ、ローカルな場所へいけば、バナキュラーな場所性の度合いが文化的に高まりつつも、先端性は、無数のおびただしい、衛星パラボラアンテナが屋上に乱雑にならんでいる光景として、醜く映ってくるといったところだ。

つまり、「消費の社会」化は、普遍ではないが、先端的な領導性を過渡的にもちうる〈物質〉の社会化であって、文化の社会化においては力がないと考えるべきであるよう思われる、ということだ。自動車社会の克服という課題に対応する個々の生活環境の場所化という、日本でも同じ問題が、同時的に本質的におきているといえる。

(c)「ディスタンクシオン」論の社会論的限界
—ピエール・ブルデューをこえる—

ブルデューの功績は、諸個人の好み／判断に、階級的嗜好が作用していること、さらに、その階級は多元的な階級からなっていることを、経済資本と文化資本の相反性の関係から明示したことにある。美術鑑賞、映画鑑賞、さらに、料理／食事の仕方、等々から、美的な好みや判断の階級性が、社会空間への配置として分析される。

だが、ブルデューは、こうした社会還元的な方法によって、社会を実定化する論理を少しも疑っていない。現在社会はこうあるのだと当事者が気づいていない状態を気づかせているにとどまる。それまで不可視であった社会空間が明示され、みえなかった社会の実定性が浮き上がってくる以上のものになっていない。

さらに、ひとつのブロック階級のなかでの、特に中間層の、上流階級への憧れと下層階級からの切断の、ベクトルを性向として示すだけで、諸個人の消費者化と商品の消費化への歴史的な／社会的な変化における個人化をとらえていない。したがって、静態的な社会還元論の枠をでるものではない。ひとつの鋭い社会分析であるにとどまる。社会的規制性の諸条件を知るに便利な分析である。構造化された文化資本の構造が、社会的に配置づけられるだけで、文化資本が構造化する力として働いて権力諸関係をかえていく状態はつかまえられない。広い意味での、マルクス主義的な還元論からでていない論理である。

ブルデューの階級的に配分されている文化資本は、三つの文化資本を、構造化された観点からとらえるのみで基本的には、制度生産の産物が中軸である。制度生産が、社会秩序化をうみだした「結果」を問題にするあまり、制度生産様式のダイナミックスを掌握できない。だが、本来のブルデューの「再生産」理論は、その社会変動の領域をつかんでいた。なぜ、ブルデューの思考は停滞したのか？ それは、社会の実定性をまったく疑っていないからである。

ブルデューによる「判断の社会空間」は、経済資本と文化資本のXY軸の平面配置によって、「ホモ・アカデミクス」「出版」等の、静態的な、社会配置空間へと理論応用されて、ますます社会の実定化がすすめられる。

制度生産と文化資本の関係を、個人化のパワー関係と関連づけて考察するとき、真の意味での《政治―経済》学の思考が成立する。これをブルデューのように社会集団化の概念（階級、階層、組織etc）に還元しないことだ。集団を設定したとき、身体＝個人に働きかける政治解剖学的なパワー関係はみえなくなり、階級関係や経済関係がはばをきかすことにしかならない。

社会の実定化は、社会的諸関係を行為する者たちや行為集団の実定性へ、諸関係を還元したときになされていく。社会プラチックを客観化したブルデューはすぐれているが、プラチック行為者を客観化したとき停滞したのである。

ブルデューは、政治領域を論じたり経済領域を論じたりするが、社会空間の領域画定をしているだけで、ますます社会の実定化の論理がすすむだけになっていく。歴史的な規定性を射程にいれているにもかかわらず、新たな歴史的次元はきりひらかれない社会学的な禁欲が、社会学的な厳密化を擬装して、社会学的な権威主義へとくみたてられてしまう。ブルデューのあまりにもの自己の固有さの独自化は、排他的学問権威主義へと堕したなかでの社会学集団の閉塞性へとむかう。理論上の真理の生産はそこへ閉じられてしまった。

ブルデューの理論思考は『ル・サン・プラチック』と『ディスタンクシオン』を頂点に、停滞する。だが、ブルデューの権威主義的な排他的囲い込みの枠をはずれて、文化資本／象徴資本／社会資本といった《資本》概念の社会化、文化化は、構造化する諸構造の力として、活用しうるのだ。[個人的な実例を出して恐縮だが、「Raisons pratiques」(seuil, 1994) に収録されたわたしのインタヴューが、東京大学の加藤晴久をはじめとする、日本の東京大学の権威とＮＨＫの権威（テレビ嫌いのブルデューがテレビにでる!!　とコレージュ・ド・フランスの権威とを重ね、わたしへの排他行為となり、その収録をはずしたとき、わたしとブルデューとの対立は、わたしが、ジャン・クロードパスロンやリュック・ボルタンスキーと親しくなっていくとともに発生した。つまらぬ、権威主義者たちの行為であるが、今は亡き、バジル・バーンステインにあったとき、インタヴューのテープをとめて、ブルデューの人格上の非難をはじめたのをはじめ、多くの優れた論者たちが、ブルデューからはなれていくとともに、ブルデューのイエスマンをとり囲んでの、"Liber" 出版、agir 出版が、社会化されていく。その程度の人間社会関係のパワー関係を働かせていく理論とみなしてよい。そして、ジャック・シラク大統領やリオネル・ジョスパン首相と結びついた社会主義国家の官僚イデオロギーとして作用する「国家の社会哲学」へと、まさにマルクス主義的に後退した。加藤晴久は大統領や首相までが追悼をのべるともちあげる権威主義追随者の本性をさらけだしている。]

理論的には、「文化資本」をはじめ、《資本》概念を、構造化された構造の分析にとどめ、社会の実定化を前提にしたうえでの批判の批判をすすめるブルデュー―

派か、《資本》概念に、構造化する構造の力をとらえ設計学的に社会の非実定化をすすめる、わたし（たち）か。後者に共通するのはフーコー思想への共感と共有である。歴史を社会の実定性にとどめることに、歴史を停滞させる社会学を確立していくブルデュー学とちがって、わたしたちは、社会の非実定化の権力諸関係を領有し、社会科学を解体しながら歴史をつくりかえていく。

〈小括〉

後期資本主義論、消費の社会論、ディスタンクシオン論は〈高度〉さがうみだされる地盤の考察であって、高度さそのものの考察ではない。ということは、《現在性》にとどきえていない考察にとどまっている。

以上、三つの理論的限界から逆射され開示される世界は

(1) 経済様式における「情報＝マネー」の情報経済様式の形成

(2) 消費様式における「制度／空間」様式と仕事様式の変容

(3) 文化様式における（文化）資本の歴史様式の変容

といった《様式 mode》の複合的構成が、社会秩序を表出的にくみかえている、その存在根拠を明らかにせよ、という新たな問題構成となる。社会プラチックそのものの多様な変容を客観化するということ、くわえて社会が社会として成立するうえで、経済学的な規定からの解読は不十分すぎるほど不十分であり、制度生産様式を含んでの政治的規定条件の絡みはほとんどみえてこない。いずれも、政治的な領野が分離されたままであるからだ。経済が政治であり、政治が経済であるパワー関係様式が、すっぽりとぬけおちている。最近のブルデューが、政治的領野を問題にとりあげつつ、既存のマルクス主義的な世界へ後退しているのは、資本の政治的構成をパワー関係においてくみたてられない、非フーコー的なポジションを、自らの社会学の正統性、権威化で産出しようとしているからである。ブルデューの理論的限界に、パワー関係の巧妙さと社会の実定性の強度が、逆によくみえてくる。ブルデュー的ラディカリズムが逆射してみせてくれる次元に、〈高度さ〉を解明する手がかりがある。

後期／晩期資本主義は、経済の社会化と社会の経済化が、商品生産様式の徹底化において成立した《高度な社会秩序》の地盤であり、国家統制の高度な技術が、常に、財政での危機として出現するなかで、官僚的な高度化がすすむ政治国家でもある。同時に、国家秩序そのものが、社会の実定化のなかで、解体構築される〈動き〉が、高速度ですすんでいく。この、諸矛盾は、商品と資本の対立を顕在化させる。「商品の国家」と「資本の国家」とのせめぎあいが、不可避的に生成している、ととらえないとみえてこない次元がある。この地平を見定めていくには、情報流の交通様式の世界化が招いている事態を、社会科学的な考察へと持ちこんでいかなくてはならない。

高度資本主義国家が、必然的に高度情報主義国家をうみだしていく《顕在性》への地盤とその表象をとらえていくことが要される。

つまり、ブルデューは、社会の実定性の枠内で、当事者が知らずにそうしていることを「客観化の客観化」において明示したときすぐれており、「客観者を客観化」したときつまらぬ還元論におちいっていく。後者の度合いが、ますます強くなって、マルクス主義的な実践と判断の思考技術化と閉じた社交集団化へ後退したということだ。ブルデュー社会学を始末する地平から、わたしたちは、「文化資本」のエコノミーを「商品」経済と対立させて、社会の非実定化の領域へ歩みをすすめられる。ここは、社会科学的思考の臨界点として、思考技術上確定的な意味をもちうる。

シャルチエは、「領有 appropriation」概念をもって、ボルタンスキーは「シテ cité」概念をもって、〈社会〉そのものを対象化する文化理論の地平を切り拓いていったのは、その脱出の方向性である。「思考しえない」領域に、実定性の枠組があるのではなく、非実定化の設計学的な領域が切り拓かれるのであって、〈社会学〉のエピステモロジックな次元は、ブルデューとともに終焉した、といえば、ブルデューの遺産をたてて、かつ、始末するうえで、こちらの態度がきまるといえようか。

ハーバマスは、晩期資本主義において科学のはたす役割を重視し、介入主義的国家が経済を政治化すべく機能すると、一方で、科学はそれを脱政治化する。政府は、科学的基礎にもとづいて技術的に行為するなら、その行為は合理的となる。しかし、科学は、道具的な合理的行為そのものの限界にあるため、シンボリックな相互行為、コミュニケーション的行為の「理想的発話状況」がもとめられる、と考えている。こうした、理想状態を現象的にすえたところで、未完の近代が未完のまま現象化された思想を残すにとどまる。ハーバマスには、さらなる「未完の近代」をかかえる後発国のもつバナキュラー的存在力をみぬく力は、まったくない。日本の歌舞伎町をみて、憤っていたというエピソードなどは、その理想主義的な観念の限界をよく示しているし、思想的には、大衆的存在がみえない、典型的なヨーロッパ普遍主義的知識人であるということが理論そのものに顕在している。

つまり欧米的な現象からは「進んでいない」とみなされる状態の価値存在を了解しえない思考・理論は、晩期=高度資本主義の限界そのものの表出であって、近代と産業社会経済化とを区別しえない理論的な限界そのものである。

この「限界」は、先進国が後進国にしかける〈戦争〉そのものに、きわめてはっきりと顕在化してくる。

2、情報戦争と〈帝国〉の崩壊

中国の天安門事件とルーマニアのチャウシェスク政権の崩壊は、メディア情報の力が、非常に意味をもってみえた出来事であった。戦車の前に立ちはだかる「ひとり」の学生の映像が衝撃的であったが、中国の学生たちは公衆電話とファックスで情報を世界から収集し、かつ世界へ波及させた。中国警察は、ファックスの前に座り続けて送られてくる情報を破り捨てていったという。

大統領官邸のバルコニーで手を振るチャウシェスクの表情がくもり、観衆の声が高らかになった時、テレビの映像は空を映すだけで、そこで何がおきたのか実際の映像を伝えなかったが、報道をたちきらなかった。反乱がおきた予想は誰にしも伝わった。独裁者が自らの威風を誇示する場からたちさってしまったのをみせずとも、それは語っていた。映像化は不在までをも、映像として表示しうることをよく現した出来事であった。

社会主義国の崩壊に、メディア／衛星の力が大きく関わったのは、ひとつの決定要因としていいえよう。イデオロギー的なプロパガンダではなく、西欧諸国の「快楽」のテレビ映像が、山のうえにのぼって車のエンジンを電源にしてみられる、自分たちにない世界のおもしろさ／楽しさを伝えた。閉じた社会主義国の貧しさに、人々は心底嫌気がさしたのも、自分たちがイデオロギー的に画定してきた資本主義国の人間たちの楽しさ／快楽を情報的に観ることが蓄積されたためであって、イデオロギー的に関わったのではなく情報の集積から関っていったといえよう。

一方、湾岸戦争は、アメリカ国防省が公表した爆撃の映像に、ゲーム感覚の映像が結び付けられる類の映像伝達の戦争情報となった。もはや国家間戦争による全面戦争という事態はなく、ある〈点〉が、誤爆を含めて爆破されるという、情報をもとにした攻撃であり、かつ、その一部の映像公開となった。

テレビというメディアは、衛星放送というグローバル化のなかで、国家をこえる情報映像のツールになったと同時に、中国はこの映像を通じて学生を逮捕するという国家統制のツールにも使った。であるからといって、この情報性を両義性であるとか中立性であるとか、と済ますわけにはいかない。国家秩序を守るうえで、情報メディアツールの統括はあらためて死活の課題になった出来事といえる。

アフガン戦争では、CNNは、Strike against terrorというテロップを一時たりとも消さない、新たなイデオロギー・ツールとして徹底させた。これも、記号メッセージだと片付けるわけにはいかない。

ジャック・アタリは、情報の支配性／統制性と情報のコンビビアリティとの双方が、多面的にくみたっているさまを図解しているが、情報が社会諸関係のなかで、あらゆる領域、領分に、多義的に関わりうることが、新しい下部構造的な秩序基盤を創成しているのを示している。

映画『スリーキングス』は、湾岸戦争に付随した「高度」な秩序をコミカルに、しかもシリアスにうまく表象している。クウェートに侵略し、撤退したイラク兵は、携帯電話や電気製品そして高級自動車を略奪し、

「ゴミ」のように収集している。捕虜となったアメリカ兵は、山のような携帯電話のなかから電池の残っているものをさがしあて、アメリカの家族に国際電話し、そこから国防省へ救出を依頼する。高級自動車をしつらえてフセインがきたかのように偽装したり、金塊を運ぶのにバッグが破れてしまうため、ルイ・ヴィトンのバッグに入れて砂漠のなかを歩いて運んだり、かつ民族間の対立をおりこんでのよくできた映画である。ミルク工場への実際の爆撃は、ミルクをつんだタンクローリー車の転覆という形でメタファー化されたりしている。高度なインダストリアル商品の氾濫と情報の先端化に、バナキュラーな民族や歩く自律行為などを対峙させ、本質論的によく描かれた映画である。

多様な情報技術の日常生活化とグローバル化のなかで、いかなる〈社会の高度化〉が社会そのものの変容に関与しているのか、その理論化から何をとりだしていけばよいのか考察していこう。グローバリゼーションの拡大にたいする賛否をこえて、〈高度さ〉への離床が、どのような次元で生起しているのか、それが、秩序の非秩序化をうみだしてしまうため、国家的な再秩序化が〈高度さ〉にたいしてどのようになされるのか、かつその限界はどこにあるのか、「高度情報主義国家」といえる情報を、とらえておくことだ。情報化は、情報技術の高度化をメディアからインターネットへと段階的にすすめながら、グローバリゼーションの可能性と限界を露呈しつつ、しかし自然過程的にすすんでいく。情報〈社会〉をこえる情報化の「高度さ」を考えていこう。

(a) テレビ・メディアの意味

ジャック・ラカン「テレヴィジオン」とブルデューの「テレビ」論を比べると、テレビをめぐる思考技術の意味がよく明示される。

つまり、ラカンは、ただ、テレビのなかでエクリチュールをエクリへと、ひたすら非言語化して表明するのに徹する一方、ブルデューは、テレビをめぐるメディア、ジャーナリストの社会的な表象を外在的にひたすら批判しつづける。これは、ラカンはテレビで語ったのであり、ブルデューはテレビの社会関係を外から論じたにすぎないと、実際性で判定したところでなんのおもしろさもない。ラカンとブルデューの、自覚と無自覚に、構造主義と窮極のマルクス主義との同一性が隠れて構成されているのだ。まったく異なる表象であるのに、まったく同一のものであることが、よくみえてくる。〈テレビ〉なるメディア／ツールは、そういった内容を風化させる表現手段／道具手段であって、書物や新聞などの伝達手段とはまったく別次元のツールであるからだ。

さらに、テレビというツールが、家庭に入ったことで、家庭装置としてのテレビは、家父長の座にかかわり、ひとつの場／位置を占め、家庭の諸関係と家族構成員の社会関係をかえていくだけでなく、テレビからながされてくる様々な情報は、日々の言語世界をかえる。マーク・ポスターは、主体の自己構成を変容させたとのべている。こうした、テレビ・メディアの一連の意味を考えてみよう。

テレビとは、何であるのか、このメディアは、新聞が一義的な線型的了解でもって読まれるのとちがって、また、ラジオが一定程度のイマジネーションの生成場を聴く側に残しておいたのとまったくちがって、視聴者の側に規則化されるほかない「自己構成」の言語／イマジネーションの世界をおしつけている。とくに、日本でテレビは、家庭空間で家父長のかわりに居座っただけでなく、全世界の情報＝真実を伝えてくる「神」のような場に位置している。「テレビに出る」ということが、知識人だけでなく芸能人や映画人にとっても決定的な存在証明となってしまうぐらい、独占的にそれは働いている。テレビは、想像生産の場で、きわめて特異で支配的な情報様式となっている。様々なテレビ・メディアをめぐる議論があるが、マーク・ポスターの論点は明解である。

テレビが、特有の言語の情報様式を有しているとマーク・ポスターは主張する。それは、マルクス主義者・自由主義者のように、テレビによって民衆が操作されているなどととらえたところで意味がない。文脈をもたない特有の言語／記号の世界をとらえるべきだ、というのだ。

メディアの会話には

①文脈が欠落し日常会話の物質的限界とは無関係な場で発生する新しい会話状況がうまれている。

②独語的で対話的でない。
③自己指示的である。
とポスターはとらえる。

この脱文脈的で、モノローグ的で、自己指示的なメディア言語によって、「受け手は自己構成のプロセスと戯れ、ディスクールの多様な様式と「会話」することによって絶えず自己を作り直すよう促される」というのだ。その典型が、テレビのCMとそれをみる視聴者である。そこで言語は「社会的にくみたてられた意味の戯れとして理解されている」「非現実的なものが現実化され意味をもたない一連の意味が伝達され」、「現実よりもリアルなコミュニケーションのシミュレーションが伝達される」というわけだ。

ポスターは、「非表象的で非道具的な様式の視聴者がつくりだ」されているこうしたテレビ・メディアの社会的現実において、メッセージの受容者が二重の役割をうけている点を強調する。一方では、操作された受動的で、消費を目的とした、ディスクールの〈時点〉にあるという役割であり、もう一方は、審査し、認可を与える指示対象としてのディスクールの〈主体〉の役割である。

「消費者主体を言語的に構成することによって不自由さの範囲を拡大する」と同時に、「あらゆる形態の中心化された主体を脱構築することによって、ディスクールを新たな段階の自由へと開くもの」である、とのべる。たんなる受け手でないが、主体的に関わっているようでそうでなく、主客分離の関係とは違う新しい段階での関係世界を開いている、ということだが、ポストモダニズム的ないい方で、なにやらはっきりしない。

ポスターがきわだっているところは、とくに、アルチュセールのイデオロギー論への批判観点から、テレビの意味を示すところにあるといえよう。つまり、アルチュセールは「想像的なものや非理性的なものは空虚な普遍的意識、前科学的な主体の精神を一様に曇らせるようなレベルのイデオロギー」という考えがとられており、マルクス主義的な科学がアルチュセールにも前提にされている。これは、テレビに適用しうるイデオロギー論でないというだけでなく、「言語的現象を表象的な論理の格子を通して解釈する」イデオロギー概念そのものであると批判している。「中心化された主体を構成する」という論理そのものの限界の構造を指摘しているのだ。

ポスターは、テレビCMにおける電子メディアによるコミュニケーションは、「非指示的な構造を通して作用する重要な効果を有し」たものであって、「鑑賞と現実との区別を浸食するような非中心化された主体を育てて」おり、「科学とイデオロギー、真理の意義と虚偽の意義、現実的なものと想像的なものとの区別」をなくしてしまうものであり、「直接的指示対象のない構造」であり、「現実と虚構の区別にみずから挑戦する作られた現実そのモデル」であり「自分自身以外何も表象しないような言葉やイメージの束」であるという。

このテレビCMの把握は納得いく。そのうえで、テレビの映像は、真実なりドキュメントなり実況中継をつたえてくる。そのとき、対象構成はよりリアルとなり、それをみる自己構成はよりリアルになり、対象と自己との距離ははずされ、自分はテレビの映像のなかにいるように構想され、リアリティを領有する。ポスターが、フーコーの自己論をうしろにしのばせて、自己技術的に、テレビをとらえている点は、うなずける。

近代的な判定基準からすると、発信―受信の分離関係様式をなくす想像的生産が、非イデオロギー的になされているということだ。テレビが普遍力をもって、世界へ浸透したのは、近代の枠組にとらわれない明証性を簡潔に示したからといえる。しかも、衛星放送によって、世界中の映像が、客観的な考察や主観的なイデオロギーなしに、ほとんど無意味で無価値なアナウンサーでもない〝キャスター〟とテレビ解説者たちのコメント――日本では筑紫哲也／久米宏がその典型――で、指示される。判断がないのではなく、意味化したり価値化したりする表象性なり表出性がないうえで、自己構成的にまかされた勝手な判断が既存の枠内でなされていく。本でも新聞でもない、エクリチュールではない、一時的な言語／イマジネーションが、真実と虚構の境界をはずして伝達されることは、ある「睡り」の状態にちかい「快感」を、人びとにもたらす。そして、ときに、事件やスポーツなどの、「感動」さえ伝えてくるとき、感覚にまでそれは関与してくる。

わたしたちは、テレビが、まだ、中央集権的なネットワークシステムによってツール化されているにすぎないことと、ケーブルテレビや衛星チャンネルによって、数十局、数百局へと多元化されていったときに、ただ、チャンネルをぐるぐると回しつづけて、断片をおいながら、自己構成と指示性におりあいをつけている関係性が、何もうみだしていない開放状態にあることを、どうたちきるかに、次の想像的生産の場と次元が切り拓かれていく。それは、つまり、自分が、生産者になっていくというところまでいきついたとき、どうなっていくか、そこから先のことであるよう考えておくほかない。テレビ好きであり、テレビ嫌いでもある〈わたし〉は、そう考えてテレビ・メディアの発展に、ただ、おしつけられる意味化からだけは逃れうるという態度で、接していくだけで、テレビを切断してしまうほど、そこに意味も価値も見いだしてはいないとだけはいいうる。

テレビをめぐるブルデューの議論は、ジャーナリスト／ジャーナリズム論といえる社会行為者の議論であって、彼らがニュースや番組の差別化をはかればはかるほど、画一的で同一のものとなり、みえるもののなかに隠されたものが無意図的につくりだされ、視聴者はそれに気づくことなく、メッセージを「ファースト・シンキング」で深い「考えなし」にうけとっている、というきわめて古くさい型の論述に終始している。ジャーナリストの出身が同じであり、同じ新聞／テレビをみ、対話者たちも仲間同士だ、と社交集団的にその根拠を「循環する」とのべているだけの話だ。21世紀に延命拡張しているテレビを19世紀的論理で語っているにすぎない。大衆を無知として知識人の自分はみぬいているのだ、という傲慢な論法でもある。大衆ひとりひとりもテレビ自体も、マーク・ポスターがいうように、そのはるか先をいっている。

テレビ局の所有者に問題を還元するマルクス主義的唯物論の解析ではだめだといって、自らは、「界champ」の概念をもって、テレビ局内の客観的な関係空間のなかで位置づけるという、ブルデュー唯物論を、マルクス主義的思考技術と同質で展開していることに、ブルデューは気づいていない。

ラカンは、ひたすら、精神分析のエクリチュールをパロール化せずに「エクリ」化することに専心するテレビ出演を実施した。他方、ブルデューは、テレビに関わるジャーナリストの閉じた社交性とテレビをみる者の思考のなさを批判するだけである。内在性を徹底させたラカンを聴いた者は、ほとんどわからなかったといえるし、ブルデューを聴いた者はかなりよくわかったといえよう。しかし、前者は、聴く者をさげすんでいないが、ブルデューはあきらかに知識人として自分は聴く者の愚かさにはないぞと、大衆を小馬鹿にしている。ここには、メディアに関わる識者の思想性の差がよくでている。外部性をもたないラカンと外部性が客観性であると擬装するブルデューである。メディアはどんなにその外部性を批判されようと、メディアそのものが外部へ開いてしまっているゆえ、その批判は批判力をもたない。

[further reading：TV メディア研究]

J.B.Thompson, *Ideology and Modern Culture : Critical Theory in the Era of Mass communication* (Polity, 1990)

J.B.Thompson, *The Media and Modernity : A Social Theory of the Media* (Polity, 1995)

R.Williams, *Television : Technology and Cultural Form* (Fontana, 1974)

Bernadette Casey et.al (eds), *Television Studies : The key concepts* (Routledge, 2002)

Andrew Goodwin & Garry Whannel (eds), *Understanding Television*, (Routledge, 1990)

David Morley, *Television, Audiences & Cultural Studies* (Routledge, 1992)

Roger Establet et Georges Felouzis, *Livre et télévision : concurrence ou interaction?* (PUF, 1992)

Brenda Downes & Steve Miller, *Media Studies* (Teach Yourself, 1998)

Andrew Hart, *Understanding the Media* (Routledge, 1991)

(b) 「映画」スリーキングス

テレビが、無意味化のベクトルで普及していくのとちがって、映画の映像は、意味性と価値性の表出度が明らかに高いのは、そこでなされる想像生産のパワーが強いからだ。動員される人とマネーの量が、明らかにその物質的背景力をもっている。

だが、イデオロギー性と指示性の強い映画がおもしろくないよう、想像的生産において自己表出度に、ある限界設定がなされている度合いにおもしろさが、拡大・強化される。ゴダールのように、自己表出性を指示性の解体として極端にすすめたとき、それはおもしろくなくなる。映画の「おもしろさ」は、想像的生産性として、もっとも卓抜しているゆえ、世界でかくも繁栄したといえる。いかに、映画館へいく人間が少なくなったといえ、映画の表出性の普遍力は、評価してよいと、わたしは考える。

映画の好みにも階級性があることを、P・ブルデューは、絵画と並行させて分析しているが、こういう社会学的考察そのものが無意味であることを、映画のパワー関係は表出してしまう。

『スリーキングス』の映画を、ポストモダンズムとして記号論的に分析してもなんのおもしろ味もない。この映画をおもしろくさせているのは、社会科学的な背景がしっかりしていて、それを表象的に想像生産しえた場面へと転じている、その想像生産が、ナショナリティ／ナショナリズムの国家枠のつまらなさを指示しているからである。アメリカ兵は、アメリカ合衆国のばかばかしさを、イラクはイラク国家（フセイン体制）のばかばかしさを、当事者として感じとり、それを侵犯行為することによって、ヒューマニズムをこえる個と個の対的な関係性の力を、うまく表現している。そこでは、エスニシティと地球との交通としての関係性が開かれている。

つまり、この映画監督の演出は、国家の限界とヒューマニズムの限界と産業社会の限界すなわち近代の限界そのものを、うまく皮肉り、ポストモダニズムの無意味化をこえて、現在の本質がどこにあるのかを鋭く新しい意味の連鎖において想像生産しえているのだ。

たとえば、ルイ＝ヴィトンのバッグを皮肉るとき、ブランドの無意味さを示すと同時に、金塊をいれても破れないという使用性において意味づける。価値の表出の場を、シャンゼリゼ通りをヴィトンのバッグをさげて格好よく歩くという場から、砂漠のなかを金塊を入れて歩くというこっけいな場へ転じている。

携帯電話がゴミの山のようなものでしかないとしながら、しかし、捕虜となってそこからアメリカへ国際電話し、救出をもとめるという使用性へ転じる。

略奪した高級車に、フセインが乗っているかのように擬装して、イラク兵をあざむくという象徴的有用性への転化もある。

先進国では消費的な付加性でしかないものが、戦争

／抗争の場で、有用性／使用性を発揮しうるものに、卓越的になりえているというおさえかたは、告発・否定のイデオロギー的方法をはるかにこえる想像生産となりえて、クリティカルな視点を生かしている。

こうした商品レベルで、産業社会経済の陳腐さを、それをとりはずしての意味／有用性を示してうまい。これを、「両義性」などと記号論的にいってしまっては何の意味もない。商品交換そのものの非意味化と、交換関係の底にひそむ有用性／使用性の再意味化を、はかっているから、おもしろい。

また、政治のレベルでは、国家をはさんでは敵対する者同士が、エスニックな表出のレベルと個との関係では協力しあえる次元になれることを示して見事である。反フセインの抵抗運動でなく、民族／民俗の存亡をかけた闘いゆえに、個的な逸脱をしたアメリカ兵が協力・理解しえていく。国家的関与では、フセイン打倒へ介入しえないアメリカ軍が、ひとりのアメリカ兵として、自らのエスニックな存亡にかけている存在者と交通しあえるのだ。そのとき、アメリカ兵も、国家次元では犯罪ないし非合法となる行為をとらざるをえなくなる。国家をはさんでは協働しえないのに、国家の枠をはずしたとき協働しえるのだ。

そのとき、文化の差異は、尊重しあえる関係に入る。国家間交通では、文化の差異は排除ないし破壊的になる。

『スリーキングス』は、経済レベル／政治レベル／文化レベルで、近代的な統制国家の枠にとらわれてあることが、いかに陳腐であるかを示しながら、個とエスニックと地球との関係では、まったく異なるものになるうるのを明示している。

現実の実際が動く〈場〉をかえて、想像生産がなされている。この新しさは、場所／エスニシティの設計的視点としてすぐれているのである。『史上最大の作戦』『地獄の黙示録』『プラトーン』等の次元をこえる《戦争》表出の新しさは、情報化世界の新しさを〈場所／エスニシティ〉においてとらえたゆえに、活性的であり、実際的であり、新しい有用性／使用性が意味的にひらかれている。何もかわりえていないなかでの〈高度さ〉の新しさは、こういう表現／表示をさすといえる。

(c) 湾岸戦争とボードリヤール

ボードリヤールは、なぜ、「湾岸戦争は存在しなかった」といったのか？ 実際の戦争と情報映像上の戦争との違いを論じたひとつの重要な問題設定とそのポストモダニズム的な解釈の限界がそこにある。

湾岸戦争の報道には、第一に〝エスニシティ〟がまったくみえてこなかった。クウェートという「石油富有国」に侵略したイラク〈帝国〉にたいして、アメリカ合衆国〈帝国〉が介入した帝国間の戦争という図式しかみえてこない。『スリーキングス』が描いたように反フセインの民族闘争が国内内部にあったろうと想像こそすれ、情報的――一般的に、アラブ世界にあまりに「無知」なわたし（たち）には、少数民族の存在はみえてこなかった。ボードリヤールの認識も、その程度のレベルからなされているにすぎない。

「ニュースはシミュラークルでしかない」とするボードリヤールにとって、湾岸戦争は存在しないとなるが、このとき、ニュース報道が現実の真実の表象であるという近代的な考えはしりぞけられ、出来事の多彩な表象をみわけようとするあまり、「湾岸戦争は核戦争のシミュレーションにすぎない」とされてしまう。

たしかに、メディアを通して語られたことが本当の真実ではないとしても、報道に対して懐疑的で批判的な態度をとることが「十万人ものイラク人が集中的な殺人行為のために死傷した」これは広島の原爆以降ならぶもののない数である、という真実に現実がかきけされてしまうことにはつながるまい。たとえ、広島の原爆による死者の数がいまだ定まらぬよう、イラクの死傷者も「十万人もの」というだけで、これも正確なる数字ではないが経験的に了解されうることは、推定であれ存在する。

わたしたちが直面している難しさは、かわるものではないが、ただ「湾岸戦争」において、近代的なものごとの事態は象徴的に現実的に変貌した、とみなすことはできよう。

イラクという古い帝国がフセイン独裁のもとに情報を正確には公表していないことと、アメリカ合衆国という帝国が国連の名のもとに、膨大な殺戮戦争をおこしたこととは、帝国の愚かしさとして等価である。そして、一方的なメディア報道は、いかに、アメリカの側、アメリカ国防省の側からのプロパガンダといえ、映像のむこう側で死傷者が輩出されていることを予測させるものでもあった。ゲーム的な映像であれ、リアルさを経験的にいかに瞬時であったにせよ、わたしたちは報道の陰にかぎとりうるのである。このメディア映像が全世界に流されつづけたということが、情報戦争の新たな始まりを示していたのである。

シミュレーションとシミュラークルにおいて、現実＝真実という等号がかきけされてしまった。現実の複雑化が、多数の真実があるという恣意性に転じられてしまったとき、情報がメディア装置によって生産・伝達される実際が、現実の力となっていることへの批判的考察が、ボードリヤールによって展開されたのだ。

真実が生産されるように、現実も生産される――これが真実だという逆説とトートロジーの合体が、ボードリヤール的なポストモダニズムの思想の核にある。これは、フーコーの「真理が生産される」という〈知―パワー関係〉行為とは、千里のへだたりがある。フーコーが、歴史的／現実的な規定性をひきうけているのに反し、ボードリヤールは、そのような規定性をまったく排斥する。「フーコーを忘れろ」というボードリヤールのアジテーションは、両者の本質的なちがいをもっともよくあらわしている。

ジュネーブやパリやモロッコで、わたしたちは、フランス語、ドイツ語、アラビア語、イタリア語、スペイン語、さらにロシア語、日本語などのテレビ番組を、ひとつのテレビ装置からみることができる。そして、〈わたし〉は、アラビア語圏のちがいを理解できないだけでなく、その文字のひとつさえ読むことができない。これは、ハイパー・リアルなのでなく、たんに、この〈わたし〉が無知なだけのことだ。ボードリヤールは、この〈わたし〉の無知さを解放するかのように、記号化されたハイパー・リアルな世界を主張する。「湾岸戦争」やイラクをふくむアラブ世界に、無知である世界性こそが問題であるにすぎないのに。映像情報は、このリテラシーの情報を必要であるようくみたてる社会関係を産出しているのは実際である。

武器によって人が大量に殺戮されるという戦争の物理学そのものには、何の変化もおきていない。近代戦争として全面戦争となってきた現象が、点的な爆撃という現象に高度化されてきたとき、それが、映像によって、攻める側から世界へ放映されるというポストモダニズム現象が、大きくかわった点であるが、それによって、何が生起してしまっているのかが問題である。

また、武器も物理的な銃や大砲にかわって原子爆弾を窮極にして、バイオ兵器が、化学薬品とともに使用され、さらに、武器に、ナノムテクノロジーが応用されていこうという科学技術戦争が、映像・情報戦争とともに拡大してきた点が、これまでの近代戦とちがっている。

ボードリヤールの論理は、この近代戦とポスト近代戦争とのはざまで、不可避的に登場した戦争観であるため、いろいろ議論をまきおこした。

戦争の技術的転換、戦争の社会的転換、そして、戦争の文化的／象徴的な転換が、現在の戦争におきている。ベトナム戦争は近代的戦争の最終形態であり、それは、ボスニア・ヘルツェゴビナ、ソマリア戦争などへ継続しているが、新しいポストモダニスティックな戦争は、湾岸戦争、そしてアフガン戦争において発生してきた。政治国家と戦争形態との関係に、根本的なちがいが、生起したのである。

ボードリヤールは、第三次世界大戦のような近代戦の延長上に位置する大戦争はおこらない、自己抑制力が働いているからだ、ということをいっているにすぎなかった。ところが、実際に戦争はおきてしまった。まったく、ちがった形で。そこで、ボードリヤールの言説は、戦争を、ただ、コンドーム、スターウォーズ、ブランド、サスペンス、ワールドカップのＰＫ戦、クレジット、といった用語が形成する言説でもって、ハイパー・リアルに、シミュラークルを語っているにすぎない。そこに、アリストテレスやクラウゼヴィッツや、ヘーゲルの論述などをもりこんで、民族や投資や宗教をかぶせる。ポストモダニズム特有の偽装的言述の典型的なおしゃべりである。「湾岸戦争は、テクノロジーの高度な集中による戦争ではあるが、どう定義したらいいかわかりにくい戦争だといえる」というのが、正直なところであるのに、わかったふりをして「湾岸戦争はおこらなかった」と自己正当化のみを優先させる。

戦争が想像生産されることと、想像生産において戦争が演出されることとの双方性から現実の戦争を抽象化することとを混同してボードリヤールの言述は、ポストモダニズムのイデオロギー性をもっともよく示している。「イランのからいばりとアメリカの茶番劇」を非難するだけのイデオロギーである。TVの本質的な虚像性の批判と、戦争の実際性とを混同する誤認をイデオロギー化する言説である。その底には、集団的な倫理主義が徘徊している。

「潜在的なものによって現実的なものが抑制されるというハイパー・リアルな倫理」を、ボードリヤールは、湾岸戦争をかたる言述へかぶせているにすぎない。

帝国の崩壊

〈帝国〉は、商業／貿易の物流によって、陸と海へ拡大され、植民地を形成した。スペイン、ポルトガルについでイギリスとフランスがその帝国的覇権をうちたてる。旧植民地主義にたいして、イギリスからアメリカ合衆国へとひきつがれていく資本主義的な拡大は、新植民地主義をつくりだしていく。原料を収奪する旧植民地主義にたいして商品を提供＝おしつける新帝国主義をつくりだしたのだ。ドナルドダック（新帝国主義）は、悪しき白人（旧植民地主義）にたいしてスクルージ叔父さんに電話して、様々な商品を原地の人たちに贈り与える、というわけだ。

この新植民地主義は、民族を独立させて平和裏にかいらい政権を反共産主義として設立した。ベトナム戦争はその窮極の形態であった。フランス植民地、大日本帝国の介入、そしてアメリカ合衆国と、ベトナムは〈帝国〉に侵略されつづけたなかから独立と社会主義化をはかり、カンボジアへ侵略していく。アフガン戦争は、うしろで旧ソ連とアメリカとが画策する状態から脱出することもできず、アメリカとロシアの共同のもとに反テロ＝反タリバンの新アフガン戦争が展開された。

〈帝国〉の崩壊は、先だつ湾岸戦争で露見した。イラクのクウェート侵略に抗して、国連軍をもって、国際的な世論合意の名のもとに、実際にはアメリカ軍が介入し、クウェートを解放する。いかにも正義の味方のようなこの方法がとられたとき、帝国は、帝国自体として介入できず、国際連合の支持のもとでしか動けなかった。

同時に、戦争形態は、空軍によってイラクを攻撃するという情報をもちいた〈点〉の戦争となった。クウェートにはアメリカ陸軍が地上戦へと参入していくが、常に、情報でえた敵地の拠点をたたくという方法が先行する。そして、２００１年秋の新アフガン戦争がその形態の集大成といえる動きをとった。しかし、パレスチナ／イスラエル問題を解決しえないレベルでの新アフガン戦争の実行である。

わたしたちは、〈帝国〉が、テロによってもろくも混乱させられた現実を、ヒューマニズムでもって隠してはならない。多数の犠牲者は、これまで、アメリカ合衆国が反共そして正義のための戦争によって殺戮してきた死者にとてもおよぶものではない。新アフガン戦争でアメリカ兵にひとり戦死者が出たとき大々的に報道されるが、アフガン側でいったい何人死んだのかはまったくわからない。〈帝国〉はそのまま現存しつづけながら、しかし、〈帝国〉の風格＝擬装はもう崩れ去っている。テロによって、国際金融は混乱し、アメリカ経済は打撃をうけた。帝国のもろさは、もう情報流において、だれの目にもはっきり映ってしまった。〈情報〉は、国家と帝国をこえ、人びとに伝播される。「一国」という枠組は、意味をもたなくなっているのが、情報世界の特徴である。

ジョン・トムリンソンは、こうした情報の世界化の「影」で〈日本〉が文化的グローバリゼーションをになっている点を、《ソニー》を範型にして示している。ポール・ラビノウは、バイオ・テクノロジーで日本のはたしている役割の大きさを主張している。また、半導体／超伝導子をプリントできる装置のシェアの圧倒的な領域をキャノン（とニコン）がになっているのを知る人は少ない。栃木のキャノン工場が爆撃されたなら、情報テクノロジーの世界は完全に近くマヒしてしまうのである。情報の技術的な下部構造をつくるものが破壊されたことになるのだが、それを知る人はほとんどいない。

Ｊ・トムリンソンは、かつての「文化帝国主義」は目的を含んでいるが、グローバリゼーションは無目的である、と識別している。〈帝国〉はグローバリゼーションとともに拡散し崩壊していくが、情報と国家との本質的な関係が露見していくのも事実である。ここを単純にコスモポリタニズムの可能性とみなすほど、事態は甘くない。帝国＝国家の最後の反撃が、情報の分配の最前線でくりひろげられている。

　グローバリゼーションが目的をもたないなどという認識は、商品の拡大や情報の拡散そして人間の世界交通が自然過程であるかのようにとらえる視座で、単純に、一国の国益的拡大の目的がなくなり、多元的な拡散的な目的が、アメリカ合衆国的ライフスタイルと白人世界支配の浸透として歴然としてある。戦略的な意図が、隠されはじめていることと、多元化しているというだけのことだ。

　ロシア人、フィリッピン人、タイ人のとくに女性たちは、日本のみならず西欧でもビザがとりにくいのは、売春の利益行為を封じるという奇妙な論理が一般化して、いまだに彼女たちの不自由な海外移動となっているし、メキシコ人は、いろいろな国で差別的に入国を疑われるし、新アフガン戦争後の、アフガン諸国の人たちへの差別的反応は、目にあまるものがあった。ほとんど〈無知〉からの〈恐怖〉がうみだす防御感覚が、国家間の検閲的な対応として表出する。

[further reading：戦争とポストモダニズム]
Steven Best & Douglas Kellener, *The Postmodern Adventure* (The Guilford Press, 2001)
Michael R.Real, *Super Media* (Sage, 1989)

(d)　情報生産様式―情報装置

情報のコストは、ひとつでも、多数でも、同じコストであるところに物流と異なる情報流の流通様式をつくりだしている。物質の価格は、根本からの変容をこうむった。大量生産による低コスト化という、物＝商品の生産様式とは意味が異なる価値形式をつくりだしたのである。交換価値という概念が意味をもたなくなってきたのは、交換が自然技術的な過程として機能してしまうからだ。交換可能なものが、価値になるのではなく、交換はコミュニケーションという関係性一般へ転化してしまっている。物資秩序までをもくみかえつつあるということだ。コミュケーションにかかった時間が、コスト化されるが、これも、いずれ消滅してしまうであろう。コンピューターという個的装置と電話回線があれば、空間の遠隔性は意味をもたなくなったが、電話回線がまだ不可欠に必要なのである。ここに情報統制装置がつくられてしまう。日本ではNTTのラディカル独占をこえられないのである。たしかに、電話回線は、かつてイバン・イリイチが、コンビビアルなツールの典型として示したように、コンビビアルな度合いが強いが、装置である限り、統制は不可避になされうる。国家は、この統制に死活をかける。高度情報主義国家の出現である。この統制の社会技術は、商品資本主義の社会技術とは異なる技術を要する。諸個人の情報のすべては監視されうるが、監視のタームは、きわめてまだ幼稚である。昨夜、恋人と「爆発したわ」といえば、「爆発」というタームで危険者としてチェックされるという程度のものだ。つまり、電話での音節がおりなす記号は意味をキャッチするだけで、ファックスのように、信号化されるともはやキャッチしがたい。この飛躍・段差に高度情報主義国家が過度的に編成される。

マーク・ポスターの「情報様式」論は、マルクス主義的思考が「全体化」の論理を貫徹することへの批判を理論軸にして、テレビ／電子コミュニケーションの次元は、かかる全体化を志向する理論では解析しえないこと、さらに、言語／言説をめぐる理論をもってこないと解読しえないことを主張し、ボードリヤール／フーコー／デリダ／リオタールの論理をもって、新しい言説界を明示しようとしている。

テレビCMの言語／記号メディアのはたす非文脈化における主体の攪乱、データによる監視化の徹底、電子エクリチュールによる主体の脱中心化、コンピュータ科学による物語＝歴史の終焉——こういった西欧世界のなかでの脱西欧化が非西欧世界との区分をこえた次元で、「新—欧米化」としておきている。産業〈社会〉経済が、まだ、総合的な主体の形成を意図していたのに比して、まったく、逆の設計原理が、ポストモダンの諸条件として生起しているということだ。

〈新しさ〉は、〈高度さ〉のひとつの指標となるが、効率性が増したというような新しさは何ら〈高度さ〉を示すものではない。別の異質な「新しさ」がうまれ、かつ、それが、大きな地盤になっている状態が〈高度さ〉への非連続的飛躍の条件である。

ポスターによれば、それは、言語世界の変化にあり、主体の構成の仕方の変容である。この新しさは、高度さの指標となりうる。

ポスターの論点は、主体の統一性や論理の統一性さらには社会的な統合性といった近代的な構築が、コンピュータ・コミュニケーション、電子テクノロジーではなくなるということにある。そのためには、それらを語る理論も、理性主体による全体化の統一論理におちいってはならないとなる。したがって、主体／客体、認識／行動、観念／行為、言説／実践といった近代的区分はなくなっている世界を、いかに対象化するかとなる。

「情報様式が同一性の文化に対抗する複合的で、拡散され、脱中心化された、不安定な主体を構成しているかぎり、近代政治学にとっての『他者たち』の要求が前面に置かれねばならないような新たな政治的地形図が描かれてもいいはずである」

と、少数民族、フェミニズム、環境などの政治的運動の意味とリンクする政治がもとめられている、と考えられる。これは、ポストモダニズムが政治をひきこんでくるいつもの手だてである。


フーコー、デリダ、ドゥルーズ／ガタリ、ラクラウ／ムフ、リオタール等のポストモダニズム言説が語られるだけで、電子メディア／電子コミュニケーションの実際的世界とその言説プラチック自体が分析され考察されているわけではない。哲学的／理論的言説の変容にとって、この電子時代を「情報様式」としてとらえようといっているにすぎない。「電子化による新しい言語経験」は、現象的事例としてとりあげられているだけである。
○マルクス主義者にとって、情報へのアクセスの増大は階級構造におけるその人の位置によって異なる。
○ネオマルクス主義者にとって、電子メディアは、イデオロギーの支配的な権力を高め、文化産業を強化するものである。
○経済学者にとって、誰がコンピュータを使うか、誰がテレビで広告をするか、誰がラジオの聴取者に歌を放送するかを決めるのは市場原理である。
○ウェーバー主義者にとって、電子的コミュニケーションは社会の下位システムへの分化を増大させ、官僚主義の権力を促進させるものである。
◯自由主義者にとって、それらは多元的な党派の権力争いに従属するものである、
◯技術決定論者にとって、電子メディアは労力を軽減し、自然を人間の願望に従属させる機械の増殖を確実にすすめるものでしかない、

等々、こうした見解は、変化をふまえているが、変化そのものの強い状況をとらえていない、かかる思考の先を切り拓きたいといって、ポストモダニズムの理論ディスクールが語られただけである。

ポスターは、テレビCM、データ、絵葉書／コンピュータといった実態から、言語／言説の非－主体化が種別的に構成されているのを示すことにおいて、経済や政治が実定化されている〈社会の実定化〉の次元を空洞化してしまっている。古くさい言い方をすれば「社会的諸関係の総体」を、「全体化」を志向する議論ときめつけて、社会的諸関係における種差的様式の多様化を考察しないのである。そのため、フーコーの議論におけるパワー関係と自己技術の本質的な論議はとりあげられることなく、実態的なデータにおける監視世界が問題にされるにとどまるのだ。つまり、情報様式における言説の変化の問題がプラチックにとらえられていない。ということは、社会批判として致命的に、ポストモダニズム的でしかないことを意味する。

だが、ポスターが問題設定し、切り拓こうとした地平は、重要である。暗黙のうちに社会の実定性をこえた地盤が、テレビやコンピュータや電子テクノロジーによって切り拓かれている、この次元は、言語的に解明しなくてはならないという点である。だが、ポスターには、言語が国家／共同幻想の次元のパワー関係に強く関わっているという視点がないため、記号的な関係論でとどまってしまう。言語と情報様式の間に、社会的諸関係の規制性をめぐる考察が、より強くもとめられる。M・カステルは、マルクス主義の側からであるが、この情報世界の社会的諸関係の世界性から切迫しており、アルマンド・マッテラルトは、情報システムの構造化された構造の側から考察をすすめた。コミュニケーションの下部構造が現代性においてとらえられたのだ。ここは、決して、旧態依然の議論であると始末できない、現実の諸条件を解析している。

情報様式論には、「情報装置」の観点がない。つまり、情報技術をもって社会の再実定化をはかり国家の再秩序化がすすめられているといった、旧来の社会考察の理論的対象化がすべて捨てさられてしまっている。F・ウェブスターのような粗末な見解からの批判がまかりとおってしまう根拠でもある。

生産様式とちがって、「発展の情報様式」があるとマヌエル・カステルは「情報世界」を論じていく。それは、情報装置が情報都市へ構成されるという見解をみちびきだしうる素材となっている。

生産様式と情報様式の関係／絡みあい、そして社会構成体における情報装置の編成、それをとらえることだ。国家のイデオロギー装置と情報装置の関係といってもいい。ポスターのようにアルチュセールを始末してしまう次元でない「装置」―つまり再生産―に、論点をおいていくことが肝要である。

高度情報主義国家は、情報様式が開かれてしまうことに対峙して、情報装置による統制をすすめる。この、開放性と統制性は、大量生産の開放性と企業統制との関係と本質的にかかわるものではないが、〈場〉がちがっている。物流の場と情報流との〈場〉のちがいが、決定的なちがいをもたらしている。

［further reading：情報世界］

Manuel Castells, *Informational City: Information, Technology, Economic Restructuring and the Urban-Regional Process* (Blackwell, 1989)

Manuel Castells, *The Information Age: Economy, Society and Culture* (Blackwell, 1996-8)

vol.1: *The Rise of Network Society*

vol.2: *The Power of Identity*

vol.3: *End of Millennium*

Armand Mattelart, *La mondialisation de la communication* (PUF, 1996)

Mark Poster, *The Second Media Age* (Polity, 1995)

Scott Lash, *Critique of Information* (Sage, 2002)

(e)　インターネットの自由度と統制

インターネットがいかにも、自由度の獲得のように思われているが、情報装置は日本でいえば、ＮＴＴに管理統制されているように、上限の装置が中央集権的に統轄されたうえで、各個人の自由度が保障されているにすぎない。ここには、情報流と装置との商品的関係性が存続しているためで、情報ビジネスをめぐるベンチャー企業のうきしずみは、この商品的規制性と自らがうちたてる非商品的な資本確立との間の矛盾で、前者の諸関係に敗北して消えていくものが多い。いわゆるソフト設計なるものは、個的な情報文化資本としてどれほど確立されているかの問題で、これを商品関係世界へおとしたとたんに破綻していく。インターネットビジネスは、AOLやYAHOOなど、装置のなかにおきうる仕組の提供であって、自らは、情報資本装置をつくりえているゆえ存続している。つまり、情報装置とは、国家的統制装置と設計原理が逆になるもので、「非統制」の装置として機能しうるものであるのを自覚してとりくまないと敗北する。別の言い方をすれば、一対一の対コミュニケーションを、双方の親密的な関係性（第三者がみれない）という幻想関係を設定することによって成立する仕組である。

情報社会という新しい社会が構成されたとするのか、それともただ情報化が拡大されたというだけなのか、「情報社会」をめぐる考察があいまいだとするフランク・ウェブスターは、前者に

「脱工業社会」：ダニエル・ベル
「ポストモダニズム」：ジャン・ボードリヤール、マーク・ポスター
「柔軟な専門家」：マイケル・ピオリ&チャールズ・セーブル
ラリー・ヒルシュホン
「発展の情報様式」：マヌエル・カステル

をあげ、連続性を強調している後者に

「ネオ・マルキシズム」：ハーバート・シラー
「レギュラシオン理論」：ミシェル・アグリエッタ
アラン・リピエッツ
「柔軟な蓄積」：デヴィッド・ハーヴェイ
「国民国家と暴力」：アンソニー・ギデンズ
「公共圏」：ユルゲン・ハーバマス
ニコラス・ガーナム

をあげている。

情報社会を量的に規定したところで、その測定判断の恣意性はまぬかれがたい。テクノロジーの普及度、経済部門での情報の占める割合、職業人口での割合、空間で占める度合、そして文化的な規定性、こういった五つの区別で、情報化／情報社会を規定することのあいまいさを、F・ウェブスターは指摘している。驚

くほど初歩的な考察がなされぬまま、情報化の新しさが叫ばれているというのだ。が、それはウェブスター自身にもあてはまる。

わたしたちは、情報化が、第一に、半導体・超伝導子の生活商品の組成に介入していること、第二に、光速度の情報流として世界的な情報網が成立していること、第三に、戦争形態とゲーム形態において情報戦が中心になっていること、この三つの物質的な質的変化が、技術決定論としてでなく、資本主義の高度化における情報技術化の促進として生起している点をのべてきた。そして、情報化は、「情報社会」として社会を編制しているのではなく、社会の非実定化をすすめていることに、大きな質的変化の特徴がある点を強調してきた。そのために、情報様式／情報装置の概念をもって、情報流の技術的・社会的・文化的な変容をとらえることだ。F・ウェブスターによる理論的な掌握をこえて、現実の変容とともに理論そのもののレベルは高まっている。

情報様式は、想像的生産によって、未分化的なものを非分離ないし分離へと生産／産出する空間化をすすめる。分離化する想像生産は、商品形態というこれまでの産業社会化を促進する一方、非分離化の想像生産は、資本の複合的な世界を新たに産出しはじめている。先ほどの「連続性」の論者は前者の世界をとらえ、「新しさ」の強調に後者をつかもうとしてつかみきれていない、といえる。つまり、商品形態と資本形態の分化を促進しているものが、情報生産様式であり、これは、いままでにない生産様式――つまり、産業的生産様式そのものの変転をうみだしているということである。社会的には、社会の実定化と非実定化との矛盾・対立をうみだしているため、既存の国家は、国家の再秩序化を高度情報主義国家として促進する政策や戦略をとっている。アフガン戦争のメディアを通じての徹底したプロパガンダは、その典型的なあらわれで情報化を社会化している先進諸国はこぞって共謀しあっている。他方テロリズムは、もっとも情報化が集中していた貿易センタービルを、飛行機速度でもって破壊する（ほかない）手段をとったのだ。ふたつの巨大情報ビルの崩壊とともに、世界経済の麻痺は確実におきた。かつての産業社会的状態であれば、ただ、物理的に巨大ビルが崩壊しただけのことでおわったはずだ。これは推定するほかない。スケール感をこえた「破壊」であったのも、語られえていない、報道されえていない、金融情報の麻痺が想像しえないほどのものであった点にある。

ニューヨーク、パリ、東京に資本の80パーセントが集中している情報都市化のひとつが爆破された。テロリズムにことのほか先進国が神経質になっているのも、情報都市に集中している情報化の未熟さを防衛するためであるが、その未熟さといえ、産業的生産様式ではありえなかった「情報都市への集中」である。

この情報都市への集中は、情報装置の占有性としてとらえられる。情報生産様式は、国家装置とは異なる「情報装置」をもって、USAのAT&Tや日本のNTTなどへ集中権力化している。情報流を下部構造的に統括する情報網のシステム化をはかっているのだ。つまり、一方での情報様式の個人化への拡散と、それを抑制・統括する情報装置の集中権力化が、高度情報主義国家の要となっている。ここが、まさに様式として変わっている点であり、かつ変わっていない支配統治の仕方である。「資本主義／国家形態」の分析方法をもってとらえられうる範囲内に、高度資本主義国家／高度情報主義国家の構造がある。しかし、同時に、こうした国家的な構造化をつきぬけていく、構造化する構造が、情報様式にはくみたてられている点を見おとしてはならない。

インターネットという情報様式とその情報装置は、こうした諸条件のなかにある。「開放性」はないが、これまでの電力メディアにはなかった電子網をつくりだしているのが実際であるということだ。

日本で、現象的に、たとえば大学での学生にたいする連絡先は、下宿先の家におかれた電話から各人の携帯電話へと2000〜2001年の時点で一挙にかわってしまった。これは、さらに、携帯電話のコンピュータ化によって、さらに、次の新しいステージへと入っていく。この技術的な自然過程は、いわゆる機械の技術化とはまったく異なるもので、技術決定論という次元をこえてしまう、情報技術の物質的かつ象徴的な秩序変容である。

情報社会は、すでにあったとする社会学的な見解と文化主義的な見解がある。

アンソニー・ギデンズは、近代はそもそもからして情報社会であったとしている。

「近代社会は当初からずっと……『情報社会』といってもよい。国家権力を生成するには統括目的のため、情報を慎重に収集し、蓄積し管理する必要があるからだ。だが特に極めて高い行政的な統一を実現した国民国家においては、情報の利用がかつてないほど高い水準で行なわれていないのである」（『国民国家と暴力』）

また、情報化／情報社会が問題となってきたとき、文化主義者は、情報＝記号を原始時代にまで拡大した。

こうした見解は間違いではない。情報というものの本質性に近づこうとするとらえかたである。

だが、わたしたちは、情報社会が新しい時代になったのかならないのか、といったウェブスター的な見解の無意味さから脱したいのだ。

情報社会が、情報にアクセスしうる者の情報的不平等をうみだしたり、また情報都市において一部の情報富裕者と一部の情報貧困者との偏極化をつくりだしたり、情報管理が強化されたり、情報統制・管理がなされたり、リストラが実行されたり、等々、さまざまな問題をうみだしている。こうした実際を、資本主義の枠内から出るものではないと結論づける理論保守的な見解におちいりたくないのだ。

［further reading：インターネット社会］
James Slevin, *The Internet and Society* (Polity, 2002)
Manuel Castells, *The Internet Galaxy : Reflections on the Internet, Business & Society* (Oxford, 2001)
David Gauntlete (ed.), *Web-Studies : Rewiring media studies for the degital ege* (Arnold, 2002)

〈小括〉

本節では一貫して、市場原理や交換原理そのものが変わりえないなかで、情報技術が情報様式の新たな次元を構造化していく力として働かせているという、「パワー関係としての情報関係」をつかんできた。情報が商品化されるという高度資本主義社会を脱して、情報が資本化され「情報交換＝商品」と「情報生成＝資本」の分立、対立が生起している高度情報主義世界に、歴史世界が進もうとしている点を強調してきた。これは国家秩序そのものを非国家化するパワー関係を働かせるため、国家の高度化が、高度情報主義国家としての情報装置統制に入ることを示してきた。

このとき、技術決定論と技術決定論批判の双方の次元を脱皮する〈技術〉そのものの見直しがもとめられている。機械技術という客観的な技術論では、《技術》そのものが対象化しえない多様な界を《技術》は構成している。三木清の「技術哲学」は、その次元をすでに20世紀初頭で指摘しているが、情報技術は、まさに、文化技術／社会技術／思考技術等を含めた技術世界を、日々の生活世界へ構成している。電池の⊕⊖極といった機械〈科学〉技術とちがって、半導体の⊕⊖の複相的動きは、思考技術／哲学技術そのものが、物質秩序の象徴的な編制をかえてしまうものとして技術化されているのであり、それは、空間世界を構成する新しい社会技術となって、近代市民社会の社会技術とは設計原理が異なる次元を切り拓いているのだ。

市民社会の原理は、産業社会の大量生産の経済原理と同じく、「最低限のよりよいものをより多く」という社会技術の設計原理からなる。それに反して、情報技術の設計原理は「個々に応じた最高のものをひとりひとりに」という社会環境技術の設計原理からなる。これは、分配様式（＝環境界）を根本からかえる。したがって、〈社会〉そのものを非実定化する社会技術という背反的な技術の適用が生じることになり、ここをわたしは、社会を実定化するこれまでの〈社会技術〉にかわって、社会を非実定化する〈社会環境技術〉が過渡的に作用しているととらえている。〈社会の実定性〉を拘束条件としてひきうけながら、社会を非実定化する〈構造化する構造〉を場所＝環境から地球へむけて働かせる〈社会環境技術〉が、いま問われているのだ。

この社会環境技術は、情報技術の高度化を使うことによって、働かせうる。同じシステム内で、一方は、資本主義的な商品交換市場を再秩序化しようとし、他方は、資本主義から〈資本〉を切り離し、複合的な資本（文化資本、環境資本、象徴資本 etc.）を〈場所環境〉を述語的な場にして足元の地球へ開こうとする。この矛盾対立を、社会環境技術は、環境の下部構造化として働かせていくのだ。そこでは、情報は所有されるのではなく領有されており、商品化されるのではなく〈複合〉資本化され、国家化されるのでなく非国家化へむけて作用していく。

社会学的〈情報〉観や文化主義的〈情報〉観が示したような、情報の多様性が、高度情報技術において産出／生成されていくうえ、このような情報様式が、新たな社会〈編制／非編制〉をうみだしており、高度情報主義国家がそれを国家の最終局面として統制しようとしている、ととらえることだ。

情報主義国家の特徴は、以下のように考えられる。

① 情報流＝光速度が、物流を支配コントロールしている。

② 情報流のシステムが、あらゆる種別的な生産様式の技術ツールとなっている。

③ 情報のコストは、ひとつでも、多数でも同じコストとしてくみたてられる（量的差異の意味がなくなったが、量的限界はありうる）。

④ 情報化の社会的浸透によって、社会の非実定化がすすむ。

⑤ 情報化はなによりも、分配様式の変容をもたらし、分配の環境空間が新たにくみたてられていく。

⑥ 情報化の高度化によって、超国家的なコミュニケーションが支配的な交通となっていく。

⑦ 情報化と世界化がすすむにつれ、国家間の差異が意味なくなり、国家間の共同コントロールが要されるが、国家そのものの存在意味はうすれていく。

⑧ 逆に、情報化が場所と世界交通とを直結するため、場所の固有性が、ソフト表出力能として要されるようになる。

情報の社会理論は、情報の社会普及における社会変化を現象的に論じる次元から少しもでるものでない。社会理論を変容するにまでそれは到っていない。ということは、情報の普及によって、社会それ自体が変容するにまで到っていない。根源は、資本主義／産業社会から変わっていないのを意味する。ただ〈世界化〉が進んだ、というぐらいのものである。度合いが激しくなった、拡大したという量的な変化でしかない、ということだ。

いったいそれでよいのだろうか？　なにが、限界となって、理論的変容をさまたげているのか？　体感する変化を、理論が語りえないのはなぜか？

理由は、二つある。第一に、情報を商品の世界化と重ねて論じる次元からでていない。つまり、物流と光速度の情報流との物質的なちがいがもたらす社会変容／文化変容がとらえられていない。第二に、情報を国家そのものの枠をはずす「非国家化の政治性」と「地球の情報化」との峻別と相互性が不明確のまま、「情報」が一般化してとらえられているにとどまる。

商品の世界市場と国家間の情報交通との枠組とディスクール編制とにおいて「情報様式」が認識されているにとどまっているからだ。マーク・ポスターでさえそこから脱出しえない。つまり、情報を「資本」と「場所」から領有できていないのである。非商品化／非国家化の政治経済関係としてとらえられていないため、経済的なものは商品交換のディスクール内で、政治的なものは国家政治のディスクール内で暗黙に論じられている。ポスターが全体性の議論を嫌うことで、回避されたのではなく放棄されてしまった「情報の全体性」が認識されていないのである。種別性から「情報」は論じきれない。おそらく、「全体性」として、しかも「全体性」の意味を変容したものとして、「情報」ほど徹底されたものはないといえるからだ。

情報化が、エスニシティと帝国との対立を露骨に顕在化させこそすれ、情報装置はそれを的確には伝達しえないことを指摘したが、情報装置の未熟さが情報生産の可能性を実現しえていないのである。それも、情報装置が産業的生産様式の枠内でしかシステム化されていないためである。それゆえ、情報生産は、崩壊を暗示させ〈帝国〉の領導のもとでなされているのみで、エスニシティの側からの場所的情報生産が地球化されていない。ここに、高度情報主義国家の最後の砦ともいえる支配統治がなされている。情報生産の場所化を徹底して抑制する働きを、情報生産の国家統治はすすめる。別のいい方をすれば、情報の空中化はなされているが、情報の地上化がなされていない。情報生産は宙にういたままであるということを意味する。〈帝国〉は国家によって、この情報の空中化に情報をとどめ、地上化への努力を回避する。〈場所政治〉は、この情報の地上化にとりくみながら、情報の地球化における述語技術化をすすめることといえる。このメルクマールに、わたしは、《地雷》撤去を設定する。

戦争において地上に無差別的に散布された〈地雷〉は、戦争後、手作業によってしか撤去されえない。これが、情報生産によって、地雷の存在確認とその撤去をなしえたとき、情報の地上化が実行された、と範式的にいいうる。20世紀的情報をこえることは、ここにかかっているといってよい。国家／帝国は、そこにとりくまないのである。ノーベル平和賞をもらった地雷禁止国際キャンペーン（ＩＣＢＬ）のリーダーは、帝国が自分たちの撤去作業を妨害しているとさえ語っている。

3、「ハイ・イメージ論」と国家

吉本隆明のハイ・イメージ論が、もっとも本質的な問題提起として重要なのは、最先端の高度資本主義の状態の考察と前古代的な日本のあり方の考察とを重ねている点にある。吉本の世界時間は、最新の時間と前古代の時間を照応させ、共同幻想の本質次元がかわりなくどこにあるのかを定め、国家の非国家化を想定しうる場をつかみとろうとしている点にある。ランドサットからみた大和平野の地勢図と大和朝廷の国見の地勢図とを重ねて論じたとき、古代国家が形成される共同幻想とそれ以前の場所的設定を探ろうとしている「地図論」はその典型である。

「消費の社会」が高度化しているもっとも顕著な道具的具体ケースが、ビデオとＤＶＤである。ビデオは、いつでも、映像を再生でき、決まった時間にしか、映画館やテレビでしか、みれなかった拘束時間を、消費者側の選択「自由な時間」にくみかえてしまったところにある。これによって、時間は、単線的な時間から線形的な多系列時間へと編成変えされた。ビデオは、想像的生産場に、生産時間とは別の想像生産時間を構成したのである。

これは、さらに、ＤＶＤに進化する事により、音声を自在にかえられ、映像を前後自在にあやつれるようにかえられた。ビデオの物理的な組み立てにとどまっていたものが、情報時空の組み立てに完全に変容されたのだ。時間の変容にともなう空間的表出の変容が新たに始まったといえる。

想像的生産における時間変容と空間変容は経済そのものだけでなく、社会そのものの変容にまで力を及ぼす新たなパワー関係の世界をつくり始める。

「現在が既知だとおもっていたり、おもったりした瞬間からかれの認識は死んでいる」と1989年3月10日付のあとがきで吉本隆明は、未知な現在をひたすら探りつづける『ハイ・イメージ論』を「1985年7月号から1990年7月号まで」5年にもわたって（断続的であるが）書きつづけた。『ハイ・イメージ論』を、わたしは、資本主義の現在をひたすら探りつづけたマルクスの『剰余価値学説史』に対応するものと考えている。体系的な考察がすでに先にあった吉本が、後で、ひたすら《現在》を探りあてようとした努力には敬服する。『ハイ・イメージ論』は共同幻想論の現在版であると自身がのべているが、わたしたちは『ハイ・イメージ論』をもう幾分、こちら側から対象化して、その意味を認識し理論化への道を探しておきたい。対象をあちこちへ、おそらくあえて線型的に散らした（暗黙の）方法を、何らかの形へと整理しておきたいのだ。

すでに別の吉本隆明論で示したことであるが、吉本によって現在と前古代とが対応していく方法論が、もっともよく自覚された方法論であって、これは『心的現象論』ですでに心的な領域において試みられていたことであるが、「『現在』から現在をこえた未知へゆくことと、『現在』から『段階』を導入し、それを経なければ到達できない過去の源初時代へゆくこととは、まったく同義であるというのが、さしあたってわたしのとった方法だった」とのべているよう、これが基軸である。吉本の思想的表出は理論生産からはなしえない、身体的な感覚／視線（エンピリカルなものでないイメージ的なもの）と世界視線（客観的なものでないイメージ的なもの）から展開されており、理論化につきまとう偽装を拒絶しているが、わたし（たち）は、吉本思想が切り拓いた論理が、これまでみてきた欧米の理論がいたりえない地平を開示しているゆえ、なんとか、そこから出立したいのだ。

ハイ・イメージ論は、徹底した思想的な問題設定から思考が固有にすすめられる。思想的な問題設定とは、自らが体感的に経験している〈現在〉を、エンピリカルな論理の次元にとどめず想像力を働かせて、先行する思想の根拠をねり直してくみたて直し、自らの論理で新しい問題設定をたて、こたえていくことである。理論的な味気ない問題設定でも専門主義化された領域内での閉じた問題設定でもなく、自らがこの現在をどう生きていくかを考えた熱い問題設定であるため、身体性の疎外＝表出から脱出することを拒絶さえする問題設定であるため、迫力がある。そして、吉本思想のなかで、これほど自らの新しい問題設定をきりひらき、その非自己領域にかぎりなくこたえていった試行は、他にない。というのも言語表出論や共同幻想論や心的現象論は、吉本思想の体系的な解答がある意味で固有に決定づけられていた自己思想の考察であるのに比し、ハイ・イメージ論は了解ずみでない非自己の未明域に切迫したものであるからだ。

ハイ・イメージ論は、いろいろな対象が交叉されて複相的に語られているものの、あえて対象を大きく整理すると、

（1）現在（映像／エコノミー／消費）論
（2）言語論／哲学論
（3）文学（作品）イメージ論
（4）空間都市イメージ論
（5）前古代論

（これに（6）身体論　を加えてもいい）

となるが、［言語《文学（作品）》空間エコノミー］が、根本的な軸におかれているといえる。作品を括弧に入れたのは、つねに、文学作品はあるイメージ表出の本質を探りあてるための鏡のようなもので、いわゆる「作品」論、テクスト論ではないからだ。ハイ・イメージ論の理論的なベースは、言語論とエコノミー論とを重ねあわせ、空間表出の現在性と前古代性を重ねあわせるところに、その思想表出の妙があり、ここは、もっともわたしたちが学びとっていきうる重要なポイントである。

『ハイ・イメージ論』を、わたしなりに再構成すると、次のような編集となる。他にも、構成の仕方はいくつかありうるが、わたしは、次のような構造として構成することで自らの了解域へくみこみたい。

現在論は、高度資本主義の現在の〈高度さ〉をとら

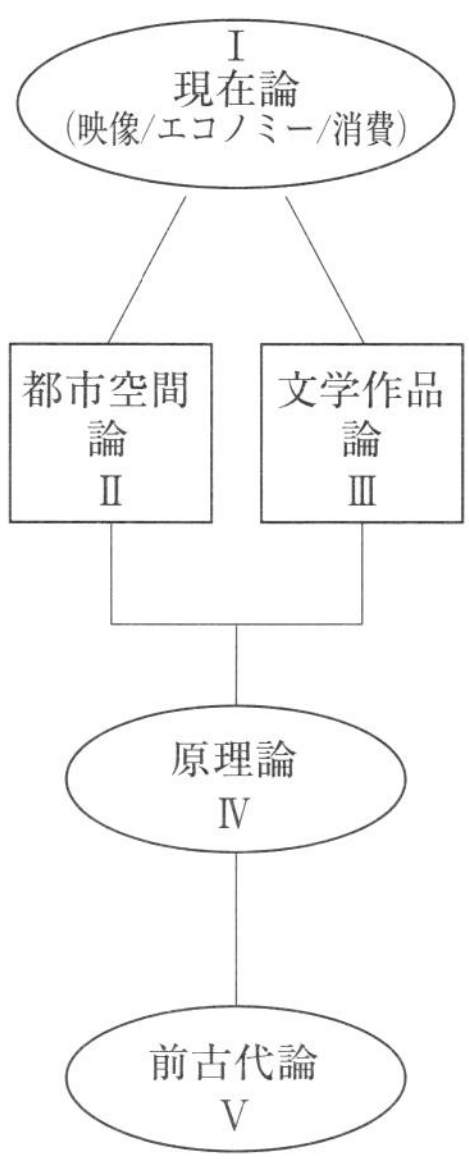

えたもので、〈生産＝消費〉の古典的な問題枠で〈高度化〉を論じえている。「都市／空間論」は、都市の像化を先端性と源初としての自然都市との歴史の両窮極からせめこんでいる。「文学（作品）イメージ論」は現在文学の表出するイメージの本質的なありかが示される。「ファッション、音楽（聴覚）、舞踏」は身体感覚イメージ論として補完しておきたい。

こうした現在的な到達地平を、原理的に図／像とは何か、自然とは何か、を根元的に問いかえし、言語／エコノミーの価値化を、社会経済学でなく普遍経済学の「イメージ／エコノミー」論として切り拓いている。

そして、かかる先端性が前古代的な表出であることが率先して明示される。圧巻なところである。

そして、吉本が「像化」ととらえている域を、わたし（たち）は、「想像生産」の理論域として理論プラチックしていきたい。拙著『文化資本論』（新曜社）において、生産の三つの次元を区分し関係づけたが、経済生産（分化）と象徴生産（統合）を産出する基軸に「想像的生産／想像生産」が位置する。想像生産は、未分化を「分離／非分離」へ産出する「イメージ生産／場所生産」である。そして、想像生産がパワー関係の網の目の規制／制約のもとで、社会像を決定づけていく。

そもそもからして、わたしの思考技術は、吉本思想を軸に、それを世界線の思想／理論のなかで〝critical criteria〟として作用させることを一貫して試みている。「ハイ・イメージ論」の理論化は、そのひとつの応用篇といえよう。

(a)　映像・エコノミー・消費の高度化

（i）映像の高度化

「映像の終わり」から『ハイ・イメージ論』ははじめられる。そして、いわゆる「高度情報化」を論理的に語ったものとして、この稿にまさるものをわたしは世界的にみたことがない。思想とテクノロジーの自然過程とが、同時に、いかなる〈変化〉を〈現在〉わたしたちにもたらしているのか明快である。

まず、〈現在〉の「視線」が世界視線である実際が、死の視線と対応させられる。視ている者の視線でなく、「視られている視覚像と視ている視座の総体を、まったくべつの世界視線が俯瞰している」のであって、この映像の像価値は、「視線の束と世界視線のつくる網状の格子の量と密度の大小によって決まる」。その典型がコンピュータ・グラフィックスの映像である。

これは「高度な映像の像価値の極限概念が、瀕死や仮死または胎内の未生の像体験に類似する」もので「このばあいの世界視線はいわば〈死〉から照射される視線であり、この視線の目盛りは、微分化された時間の曲線にしたがって、視覚像の視線と交差されて、無限の過去と無限の未来にむかって内挿したり、また外挿したりすることができる。わたしたちはその像可能性として胎内体験や〈死〉の体験の映像をもつことになっている」というものだ。

このように「現在そのものの構成的な価値の概念が全体でつきあたっているものが、〈死〉または、ただ〈未生〉の社会像によって暗喩されるものかも知れない」ところに、映像のおわりがあり、「社会像の終わりまたはおりの社会像の像価値のところまで」きていることになる。これは、わたしたちが《社会の非実定化》がはじまっているという点に照応する。「希望を語ることと絶望を語ることが同一の認知の地平にそっている」と吉本はいう。

吉本は、エレクトロニクス技術革命が高度資本制社会の終焉をもたらすかどうか知れないが、「コンピュータ・グラフィックスの像世界が、すでに人間の視覚像のちかくに想定されるような映像概念の終り、あるいは終りの映像概念を産みだしてしまったことは確かだと思える」と、慎重ないい回しで、変化の出現を指摘する。それは、死ないし未生の、生命的な極限にまでいたっている、と。

この高度情報化社会を、悲観的に語ろうと楽観的に語ろうとどうあれ、自分は、それを基本的につかまえたいのだとして、生産手段上の変化と映像をみる側の非生産場の変化との双方を、吉本は描く。

機械行程を、生産手段の集積システムにして、どこまでもより高次の集積システムをつくる可能性――エレクトロニクス・システムの集積体$\sum_{1}^{n\to\infty} MEn$ が高度情報化社会像の生産工程の表現だと、高度情報化を生産手段の線型的なマトリックス・システムととらえた。そして、機械化における「高度化」は、工程を線型的につなぐこと、または、線型に重ねることであるため、「工程の質量の充実は、いわば自然数の和の総体で象徴できる」が、「情報化」のばあい「『高度化』はマトリックス表現になるから、所定の要素の相乗数の線型的な総和で象徴される」ため、濃度と次元展開性がまったくちがうとなる。

「『高度化』は、人間の手の経験に代わる『機械化』の質量をふやしたという意味でなく、『機械』の経験を制御する『人工脳化』がつぎつぎ次元展開されるイメージになっている」

ということだ。

そして、わたしたちが定めていかねばならないのは、

「手段の線型の総和

「手段の線型的なマトリックス

との差異にひそんでいるものごとである。社会の生産―流通―分配の全領域でそれは生起している。

そして、非生産現場においても、次の三点がおきている、

1、映像差異の消去

2、空間（距離）の差異の消去

3、1と2の否定としての時間の差異化

具体的に、1は、文字記号やバーコード記号を、2は、作業場が工場へいかずに在宅で可能になること、3は、ビデオのようにいつでもみれるようになること、を想起すればいい。

こうした出来事は、「世界の方向」であって、倫理や不安や意味づけの問題でない、と吉本はいう。

そして、この稿は、次のようにしめくくられる。

「社会像の像価値もまたひとつの世界方向と、手段の線型の総和とに分解され、わたしたちの視座はひとりでに、世界方向のパラメーターのなかに無意識に包

括されてしまう。そしてその部分だけ覚醒をさまたげられるのだ」

倫理的な裁定も、知識人の正義面した裁定もない。像価値の想像生産が、各人の覚醒をさまたげる自己解体（主体解体）のテクノロジー的／思想的にとらえられる〈現在〉が、そのまま明示されている。

吉本は、非常に、労働と社会像にこだわっている。労働価値と像価値に、価値上の変化がどうおきるかをつかまないと、古典を知る者として納得がいかないというこだわりようだ。

現在の〈高度化〉をつかみとろうとする「エコノミー論」と「消費論」は、そこになんとか決着をつけたいという思考である。

（ii）エコノミーの高度化

エコノミー論は、主要には三つのくみたてから成っている。〈生産＝消費〉というマルクスの規定のもつ意味、そして、それが凝集／反復される《市場》での「労働力の表出者」のあり方、そしてまさに、貨幣が貨幣利子をうみだす消費場でのあり方。そして、付加的であるが第四に大衆の本質的貧困から逆射して、理想的な経済人の像を探る。〈高度化〉を必然にもたらすエコノミーのあり方が、原理的に、マルクスの《生産の画定が消費、消費の画定が生産》であるとする「生産＝消費」の論点に徹底してこだわって論じられる。いわば、吉本の「エコノミー原理」のようなもので、これは「拡張論」や「自然論」とともに価値論として別の考察を要されるが、ここではふれない。

生産と消費の規定性である否定は、「凝集と反復」を意味する。そして、凝集は分散に、反復が方向性に変化するような、生産と消費のあいだに隔たりがうまれている。さらに、分散は「場面の隔たりによって中間に介在する分配」に、方向性は「場面の隔たりをふくんだ（いいかえれば流通をふくんだ）交換」に転化される、ととらえられる。

マルクスには「無意識の生産と消費が対応して付着しているという社会像」がとられており、「消費の場面の底のほうには、生産してほしい物についての願望や要求や欲望の内面的な像」がこしらえられていて、そこに、想像生産がなされるといえる。

そこから、生産＝消費からみた社会像と、「総供給と総需要の場面としての市場の在り方からみた社会のエコノミー像」との間に、ひとつの対応函数の関連がみつけられ、そこに「たえず不等量と不等価」の場面がつくりだされなければエコノミーは活性化しない、とされる。

生産と消費のあいだに〈人間〉が介在するという哲学的なモチーフを強くもったマルクスをふまえ、吉本は、労働力の表出者と資本の所有者との間の関係に考えをすすめる。労働価値説を踏襲するのでなく、労働という関係をはさんで生産／消費にいかなる諸状況がうみだされているのかを考察するのだ。

いわゆる雇用では、労働力の所有者が自らの労働力を売り、労働力の買い手たる経営者がそれを買う、という労働力市場がなりたっているが、労働者は、「労働力の所有者」と「労働力の表出者（生産者）」とに分裂しており、また資本家は、「労働力の買い手」と「貨幣の所有者（資本の所有者）」とに分裂していて、労働力の表出者は、「消費市場」をさまよい歩き、それは程度の差はあっても、「貨幣の所有者」と同じ消費市場の場面で、歩きまわっているとみなされる。つまり、労働者と資本家との差異が、消費市場では、生産＝消費の観点をおしすすめると、あまり意味をもたなくなるということだ。

すると、マネーを持って何もしないで利子をえている存在が、経済人としての理想像となるのであろうか？　と問いをたて、吉本は、「労働力の性格」と「利子生み資本の性格」とが、深い類似性をもっているととらえ、G－G′、の利子をうみだすことにおいて、

諸商品間の区別が消滅

諸産業資本間の区別が消滅

して、貨幣が動いている、その抽象性を設定する。

「貨幣資本として〈貸し出さ〉れて生産（商業）過程にまではいりこんだ貨幣は、たくさんの産業（商業）のあいだのどんな区別もなくなってしまった高度な抽象的な商品の象徴であり、そんな高度な抽象的な商品をうむためのたくさんの産業（商業）資本のあいだの区別もなくなった市場（貨幣市場）の象徴になっている」ように、たくさんの産業やその生産物（商品）が、

「貨幣の抽象であるようにおもわれてきた」高度な段階に、いま、あるとされる。

吉本は、貨幣をもって市場に出る経済人のあり方に執拗にこだわり、第一次、二次、三次という産業区分の区別がなくなり、第n次産業が構成されていくにつれ、エコノミーのいままでのあり方はなくなって、大衆の本質的貧困である「順応」の状態もなくなっていく、と逆射している。

(iii) 消費の高度化

消費論において吉本は、自然論を拡張してヘーゲル—マルクスの〈生産—消費〉の概念が、時空的な遅延をうけることを〈高度化〉とおさえた。消費と生産の間の距離がとられ、消費が多様化し、必要的支出と選択的支出とが分岐していく。さらに、選択的サービス支出と選択的商品支出が分岐していく。そして必需的支出は50パーセントを割っていき、選択的支出は時空的な遅延がもうけられ、これが〈高度化〉を意味するとする。「時間的な遅延を介してみられた空間的な遅延は価値を構成し、空間的な遅延を介してみられた時間的な遅延は意味を構成する」という高次の価値領域がうみだされることを、表出的に示している。産業の高度化にあたる、付加価値化、生産手段の改善は、時間的な遅延であり、技術開発や多角化は空間的な遅延である。そして、末端での消費へのスイッチがなされている。そこに、産業の高度化から、より高次産業への移行がみられるのだ、と明示する。

吉本は、既存のあいまいな消費社会の定義にたいして、次のように消費社会を定義する。

「生産にたいする消費の時間的な、また空間的な遅延の割合が50パーセントをこえた社会が消費社会ということになる」

この定義は明解だ。わたしとの対話で、イリイチの産業社会批判の分水嶺設定が50パーセントというメルクマールをもってきていることに、いたく納得がいっていた氏は、自身の時空の価値論から、より明確な定義を〈高度化〉の消費社会に示した。

消費社会が記号表象によって平等化の解放をもたらしているようみえるが、社会的な階層差別／不平等は何も解決していないとみなすボードリヤールの消費社会論を、吉本は、知識人のざれ言と徹底して批判するなかで、消費社会が、社会的な不平等／不均衡を解決してきたことと、マルクスの生産＝消費の観点からして、労働者と資本家との差異も、また第n次産業の進行とともに意味のないものになっていくであろうとのべている。そして、「自由」というものの規定性もかわっていくであろう、それが、明確につかみえていないところからくる不安であって、社会の実態そのものからくる不安ではない、と思想的に論証する。

動物は、ただ消費をしているだけだ。なのに、人間は生産をし、自然／世界をつくりかえることをしてきたが、消費の社会において、生産をしているという状態はみえなくなり、らせん状にひとまわりまわって消費のみをしているように、感ぜられている。そうした時空の遅延は、メタフィジックなもので、そこに、想像生産がなされているといえよう。

(b)　都市／空間／地形の想像生産

ハイ・イメージ論のなかで、都市論は明解にわかりやすい域であるが、本質的に、二つの観点がきわだって重要である。そして、それは、ハイ・イメージ論全般の〈高度化〉をおさえるうえでの基本となるものである。

第一は、垂直の上の方からみる世界視線が死の視線であるということ、第二に、その視線は前古代的な存在をうきぼりにする、ということである。この二つの視座は《高度化》をとらえるうえで、思想的に吉本が一貫しているもので、他に例のない、しかし、本質的にもっとも世界性の水準で示された高度な論点である。

都市論は映画『ブレードランナー』の視線が高度な先端的な視線として極めてうまく想像生産しえているとする。超高層ビルがいままでにない多重の視線を構成しているのを示す「多空間論」、そして、もっとも重要な、世界視線が前古代的視線であるのを探る「地図論」そして、宮沢賢治の「イーハトヴ」というユートピアに「自然的な自然よりももっと本来的な自然」をさぐる「人工都市論」とつづき、前古代的な自然都市の成長をさぐりあて、それを現在に重ねる「連結論」、先端的にこれから大都市はどうなっていくかを示す「分散論」と、前古代から近未来までを想像的に模索するダイナミックな〈都市〉論となって、他に比類をみない思想の想像生産が、固有になされて興味つきない。下町的な都市感覚で育った吉本が、超高層ビルの間を歩き、超高層ビルにのぼり、そして、ランドサットの世界視線から、前古代をのぞみ、イーハトヴのドリームランドを、死の視線から先端的にとらえていくさまは、思想的な意味の連鎖を自ら検証し直す、「思想の歩行」そのものである。いくつかの重要なポイントをおさえておこう。

「映像都市論」では、高度な都市が超高層ビルにとりかこまれて、空へ開かれた空間をなくしながら、四つの都市域においてこれまでにない空間がつくりだされている点が、死の視線に一致してとらえられている。

(a) 広場や緑地域がつくられる(〝原っぱ〟にかわって)
(b) 人工的な高層マンション地域(民家にかわって)
(c) 場所X
(d) 異化領域(ビルの屋上に庭園などがつくられたりする etc.)

現象的に出現している高層都市のこういった実際は、垂直に上の方からおりてくる世界視線と人間の座高/直立の普遍視線とのからみあいから、像としての都市が構成される。

世界視線と普遍視線とが交わるところで、広場や「人工的高層マンション」地域があり、また、下から上へむかう逆世界視線と普遍視線とが交わる「原っぱ」と「民家地域」があり、この二つの交わりを基底に、世界都市のイメージは成りたっている。

地域cは、高度な都市像の死/終焉からの視線が加担してつくる高次映像の場所を象徴し、d地域は、歴史の無意識が農村との対比でつくりあげた旧い都市像と、農村との対比なしに映像として人工的に設計できる新しい都市像が、おなじ空間のなかに〈包むもの〉と〈包まれるもの〉との関係のうちにおり重ねられた地域を象徴している。

「世界視線からみられた都市像は、その都市が瞬間ごとに、自身の死と代償として自身の瞬間ごとの死につつある姿を上方から俯瞰している像」に相当したもので、人びとの日々のくらしはもうみえない。また、人間の座高ないし直立の視線は、「普遍視線」として都市の内部景観や生活行動の意味につきまとう視線である。

「多空間論」は、ひとつの空間にいくつもの方向性(いくつもの視線)をもった空間が同時に並列されているあり方で、超高層的世界がそれを視覚的に現出させており、イメージとしてはすでに中世なり古代における絵画に視覚的にあったと、像生産の本質性の次元を示している。

超高層とは空間にそびえたつが、時間化した空間であって、身体的な視線をこえてしまっているため、多空間的な像を生産する。

「地図論」は、ランドサットの世界視線をもってすると、縄文/弥生の前古代的な都市形成が、地勢との関係でいかに構成されていたかを探り出す、前古代的都市形成論ともいえるものだ。畿内大和地域をランドサットからみてみると、かつて水面下であった域がはっきりとし、その周辺に縄文的都市がつくられ、等高線にしたがって次の弥生時代の都市が形成されていく。

視線が高くなればなるほど、人々の暮しは消され、都市の建物も消され、最後に地勢のみが残されるが、その死の世界視線は、かつっての前古代的な場所のあり方をうきぼりにさせ、それを想像生産しうる。

「人工都市論」では、自然をただ自然として保護するということではユートピアでなく、人工的に自然をつくりかえることによって自然を生かしめるのがドリームランドであることを、宮沢賢治のイーハトヴやいくつかの童話の言述をめぐって論じている。これは、先端的な都市が自らの人工的な空間のなかに自然をとりこんでいくあり方にみられるもので、都市の自然過程であるとするものだ。

ユートピアのキイワードは「察知」である。来ようと願望すれば瞬時に来れるような、〈交通〉の超時空は、「願望が切実で真であれば、瞬間のうちにある場所に到達できるし、また思いをそっくりそのままある他者の心に伝達することができる」。この〈交通〉の動力機関にあたるのが「察知」と「願望」の無限速度機械である。

イーハトヴ市は、「空想」によって設計された情報化

「機械室」となって、世界視線からの情報を集約し、事態（火山の爆発）に対応でき、それを解決できる。

宮沢賢治のユートピアは、「善い行いはその極限で、人間の身体を粉末にし、いわば〈察知の気体〉に化することができ、この気体は瞬時に時間や空間の制約をこえて他者の〈察知〉に感応できる」という理念にある。登場人物が消滅してドリームランドになる、という異質なユートピア理念が「自然は人工的に作れること、自然よりもすぐれた自然が人工的に造成されうる」という人工的な変更のイメージと並存している。

世界視線は生活する人の姿を消し、多空間の視線は実在する実体空間を消し、ユートピアは人間そのものを消していく。すると像化がさらにすすんで分散する都市では、住民は現想気体のように消える。こうした〈死〉の視線へと、都市は進展していく。

初期社会主義のユートピア像への批判がなされている。トーマス・モアのユートピア論もエンゲルスのユートピア論も私欲が不平等をうむという人間への不信感と都市／農村の分離という社会現実とからなっており、さらに、自然は豊穣であるという前提がとられて、所有の平等、都市より農村＝自然への回帰からユートピア化されている。しかもエンゲルスの単型的なユートピアは、生産手段を国家が独占することを媒介にして現実化するという、国家支配をなくすため過渡的国家所有を設定するという逆説的論理をくみたてているため、デマゴギー化されている。

高度資本主義は「技術の高度化にともなう人間の直接労働の寄与度の減少と、資本体と経営管理体とのはげしい分裂とをふたつのテコにして、ピラミッド地形から真中の膨らんだ樽型の正規分布地形に移った」、そういう社会地形をユートピア地形としてもちえている。大都市は自然よりももっと自然な人工的自然をつくれるし、地面よりもっと豊穣な人工的土地である〈土壌（等価物）〉をかんがえて、人工都市を包みこめる、と吉本はいう。初期社会主義者たちが考えたユートピア都市の地形を徹底的に解体した現在の高度資本主義社会の逆ユートピアのあらわれの方が、人工都市としてユートピア地形を実現しうるであろうというのだ。

この考え方が、思想的に表出されていくには、吉本の自然都市の成立を扱った「連結論」そして原理的な「幾何論」「自然論」が、先の「地図論」とともに、探求されねばならない。

「連結論」は、自然都市がいかに形成されるかという、都市の前古代的起源といえるものが三段階で探求されている。第一段階は、樹木崇拝と丘陵地の巨石崇拝とが連結した自然都市で神話的な自然都市である。第二段階は、母性原理ないし父性原理が働いて、ふもとのゆるやかな斜面や平坦地に、ヒトが住む形でひらかれる。そして都市の習俗を集約する首長とその姉妹、兄弟が統治と祭祀とを分掌して、集落を形成する。第三段階は、ただこれらが横に連結していく。洪積台地をへだてて連結していくか、湾入した海水や湖水をへだてて連結していく。中世の大規模な都市像になる。

そして、自然都市の内部では四つの型に区別されうる共存空間がつくられている。それは所有概念と結びついたものでなく、像を共有する空間の仕方である。「土地や建物の所有（者）や支配（者）などとまったくかかわりのない像の力価とその成果に、都市の無意識の変革を託」せるような「像としての連結」がかつてあった自然都市を新しい都市空間に出現させる。

「分散論」は、これからの未来都市が、高度情報化によって、距離がはなれたところでも同じ都市化がすすみうること、たんなる密度の凝集や同心円の拡大ではないことが明示される。実際に場所を移すかどうかとか、都市に住民が実際に住んでいるかどうかとかいう実体的な都市をこえて、都市の像化が、高度情報化網の緻密性と稀薄性から生起していることがポイントである。

こうした吉本の都市論は、次のような点を〈高度化〉として示している。

（1）都市が「像」としてとらえられる。
（2）都市は、世界線と人の身の丈の視線との交叉において多空間を構成している。
（3）都市は、先端性として前古代的な都市空間を表出する。
（4）都市は、自然都市として創成され、人工的な自然都市として生命的に連結されて形成される。
（5）都市は、人工的な自然としてより自然を表出する。

(6)都市は、空間をとびこえる分散を拡大していく。生命的都市論ともいえる「自然過程」の視線からとらえられた都市の像は、現実と像との差をなくす像生産がなされており、現実の都市が像価値的な空間になってしまったことを示している。

(c) 文学による〈像〉の想像生産

吉本の文学/作品論の稿を辿っていくと、いわゆるポストモダニズムの思想家たちが、記号化であるとか差異化であるとかハイパー・リアルであるとか、近代的な意味性に付着される諸事象を抽象化してしまう、その根拠が、イメージ=像と言語との関係として明確に、硬質に示される。そして、文学の先端的な試みが実は、民俗の原初的ないとなみであったことが対応させられる。

第Ⅱ巻のパラ・イメージ論、段階論、普遍的喩論、視線論は、言葉の概念と像との関係をめぐる四つの階梯が、示されている。

第一階梯　パラ・イメージ論　(島尾敏雄)
第二階梯　段階論　(宮沢賢治1)
第三階梯　普遍的喩論　(〃2)
第四階梯　視線論　(〃3)
である。

第一階梯は、言葉の意味がうすめられ言葉の像が出現していく、文学表現の原初的な位置といえる。これは「視覚観賞を媒介せずに」「像」がつくられる、あるいは、「概念がまったく減衰された状態で」像がつくられるあり方を示している。

第二階梯、「段階」が意識されたとき、文字で書きあらわされたことにおいて、「物語を語る言葉」と「物語を語るように記述される言葉」とのへだたりが、「内語の表現」として登場する段階である。

第三階梯、さらに、内語の介在をこえ、言葉の意味を形づくる段階をつきくずし、「無定形な意味類似体に変形してしまう」ところまでいく。言語と非言語の境界面が価値基準としてたち、「民族語の無意識のリズムによって最初の普遍的な喩の固有性があらわれた」ところにまで遡行する。

そして、第四階梯では、作品が逆にどうこわされていくか、内語が削られ、具象が削られ、「わたしたちの存在も固有名も、ただそこに偶然おかれたからそうなっている」「わたしたちはほんとに存在してもいないし、存在してないものでもない」「ただの有機的な減少にすぎない」ところまで、視線が、生者の視線と死者の視線との境界をなくしてしまうまでゆく。『銀河鉄道の夜』はその窮極の作品である、と。

これらは、現在的にいうならば、意味をなくし、像化し、ハイパーな像のあり方を、語っているといってよいが、吉本にはポストモダニズムとちがって、「表出」の観点がとられているため、たんなる記号化や無意識化に作品をかぎどめせず、文学的な本質表出に想像生産の階梯を読みとった。

第Ⅲ巻で、文学／作品論は、

瞬間論

モジュラー論

幼童論

という、強いていえば、〈主体〉の変貌論といえるものへ進められる。

瞬間論は、感覚についての論述で、現在の瞬間がほんのわずかな過去とほんのわずかな未来とを束ねたものので、純粋言語／感覚のときであることが、村上龍の作品を対象に論じられる。

モジュラー論は、三つの対象から〈主体〉なるものが〈主体〉という概念を使わずに作家の意図する「モジュール」を探りあてるという視点から検証されている。大江健三郎と中上健次には、もはや何の意味ももちえなくなった善意や民俗がとりいれられていること、高橋源一郎には、何も構築しないと徹底しながら作者の「やさしさ」がふとかいまみられてしまうこと、そして色川武大から私小説のゆきついたメタレベルが、それぞれ、ポストモダニズムが主体の解体とか自己構成の崩壊といったように語ってきたものに照応する、解体された感覚／存在が、注意深く、構造とならぬモジュールをつかまえることからさぐられている。

幼童論は、幼童のための想像生産でなく、幼童そのものの想像生産を論じている。

第Ⅰ巻の「像としての文学」「走行論」は次のようになる。

「像としての文学」は、言葉がつくりだすイメージが、映画とちがって、生命の糸をおりなすように、生命的な想像生産をなしえている点を文学の〈入口〉と〈出口〉との関係から、現在性の表出においてとらえている。

村上春樹／島尾敏雄／古井由吉をとりあげ、そこでイメージされている、螢／キリギリス／赤い馬が〈入口＝出口〉となって、物語を停滞させて表出する生命的なイメージ生産を示している。さらに、大江健三郎の〈出口〉がはっきりした作品、そして、ビートたけしと林真理子の、イメージ＝事実として、出口が現実の外の世界へほうりだされる作品をあげている。

これらを通して、吉本は、ことばの像が人間（性）の不在を生命的に示しえたものと、とらえている。映像ではなしえない、想像生産としての生命像だ。概念にもなりえない像である。

「走行論」は、性表現の現在性をめぐって表出されているイメージを論じている。最初太宰治がとりあげられ、家庭の枠から外へ走行してしまう、話体の記述を〈家庭の存在＝文体の存在〉と葛藤する太宰の、家庭不能者と話体表出との関係でつかむ。村上龍は、同じ走行を展開するが、太宰と村上との根源的なちがいのなかに、家庭の不在が基準としての重みをなくした〈現在〉が描かれている。

村上龍の「感性的な勇気」は、「はじめて本格的な嫌悪感をわたしたちの文学にもたらした」ものであって、それは、「現在の仮面の正義派の衰退と解体」に対応している。欠如としての空虚でなく「過剰としての空虚」が、太宰のような屈折を拒否して、外へむかって走行している、と。

島田雅彦にも、同じものがあり、それは、「社会の正しいことへの、最初の嫌悪を描く」という主題で共通している。

田中康夫は、「社会のすべての異性にたいする並行線が、網状に分布しはじめた」、拡散の性表現を描く。

「かんがえもせず、熱中もせず、こだわりもせず、流されもせず、充実もせず、空っぽでもない、複雑な湿気も屈折もないかわりに、決断や選択の場面もない、といったような、およそ持続的な生にとって不可避の感性や場面のすべてに、消極的な、否定の〈ない〉をつけたアドレッセンスの人物像」

は、現在の生活条件しだいではなりたつかもしれないとおもわせる、「停滞をいなむ感覚」で描かれる。

干刈あがた、山田詠美は、女性の側から、性の走行線を描く。

さらに、走ることをやめている文学がある。新井千裕の作品は、自分の分身からべつの分身へと走ってゆる両性具有の走行線として描かれているが、物語を意味論的にすすめるのでなく、走ることは無意味だというこうことにしか意味がないとみなす、想像生産である。「関係」の物語をつき崩して、像の都市ビルをつくりあげるような小島信夫の作品は、漱石が「魂の探偵」として「存在」が親和するイメージをつくっていたのに対し、「感性の探偵」として、人間は実体として実在もしなければ実名ももっていない、ただ関係の網の目としておかれているにすぎない像をつくった。

さらに、古井由吉と島尾敏雄は、走行する機関を想像生産する。

これらの「走行」は、性が、家庭の場から外へ走ってしまったことによって、走行する場それ自体をどうしているのかという、性のイメージをめぐる想像生産を考察している。

概念の場、家庭の場をなくして、現在文学は、ことばによるイメージ表出を階梯的に疎外＝表出して、文学そのものから意味や存在を消滅させていったとき、何をしているのであろうか？

理念や主体や意味や精神・理性といったようなもの、つまり、概念でもない像を、文学が、生命的に想像生産しえている基線を、吉本は鋭く描きだし、こうした文学的生産が、都市やファッションや音楽などと現在的表出においてどう対応しているか、それらの「像」の想像生産のなかに、〈文学〉を散種して、ハイ・イメージ論は書かれている。文学批評のまったく新しい質をつくりだしているといえるが、わたしたちの論点は、文学批評でなく、現在の〈高度化〉された想像生産の地平として、ポストモダニズムの思想のバカバカしさからどう脱出していくかを吉本からつかむことにある。

(d)　言語＝価値の想像生産

ハイ・イメージ論のなかで、原理論というか〈哲学〉論というか、哲学／思想の論述そのものを、ディスクール史とはまったく異なる角度で、強いていえば表出論的に見直している、きわめて難解な論述が、言語論／価値論／自然論として展開されている。

拡張論
幾何論
自然論

である。これらは、神／言語／労働／自然といった哲学的な考察がいかなるものであり、何がこれからの問題地平なのか、想像生産にとって理論的な指標をどう定めていかねばならないかを示して壮絶である。わたし（たち）のような凡庸な学者的思考では絶対的になしえぬ思想的格闘ともいえる。

図形＝像をどう考えるか、自然をどう考えるか、そして価値をどう考えるか、この三つから、高度な像生産（想像生産）の閾を切り拓いていくこと、それは、同時に、過去の思想的遺産にたいして、そこに〈高度さ〉を読み解く原理として見直していくことを意味する。三つの原理論は、それを徹底して、旧いタームの構成枠からはずれないように、その内実を地盤変えする思想的表出である。理論による理論的抽象化の偽装に対峙する思想表出が、よくなされた言述である。

「拡張」とは、別々の分野をこえて、たくさんの分野にまたがった普遍的な回路をつかみとることとか、別々の分野の底に共通したひとつの理路をつかみとるかであるとして、吉本は、価値をめぐる古典経済学とソシュール言語学とをつっきっていく。

まず、アダム・スミスからリカード、ベイリー、そしてマルクスへと、労働価値をめぐる思考を追う。スミスの抒情詩的な経済学の世界は、「貨幣は交換の『哲学』だ」というものがあり、そこから、「交換価値は物の『哲学』だ」という考えがとりうる。リカアドオ（リカード）は、牧歌的なスミスの世界を、味も素っ気もない条件を拡張して事態を散文化し、あかるくない社会現状でじっさいにおこる「物語」に近づけた。ベイリーは、リカアドオを関係概念があいまいだと批判するが、価値の物語を劇化するところまでにはいたらなかった。

「劇」までもっていったのはマルクスである。マルクスは、価値の哲学化を実施した。「価値が商品の『哲学』であり、労働が価値の『哲学』だ」とはっきりさせた。

ここでいう哲学とは、ものごとをはっきりさせる根源を対象にして探ぐる思考を展開することといえる。そして、さらに、マルクスは、「形態」の劇、「時間」の劇を演出する。相対的な価値形態と等価形態の系のちがいを明示する。

吉本は、そこに、言語の価値をかさね、経済学的な価値形態と言語の価値形態とを相互変容させる「拡張」を試みつつ、言語表出の固有界へ飛躍していく。「文学は言語の価値形態の『哲学』である」という領域まで拡張していくのだ。

そして、ソシュール言語学が「話す」行為を基軸に成立していることにたいして、吉本言語表出論が「書かれたもの」を基軸に成立している点を差異化させ、自己表出の度合いとその差異から、言語の共時性をつかみうるとしつつ、価値／意味の定義を示す。

拡張論は、幾何の図形とは、いかなるイメージから論じられるものであり、自然とは何であるのか、という「イメージの価値化」のレベルまで、さらに拡張されて、吉本の原理的な把え方が示されていく。

〈神〉の疎外のさせ方に、現在の像生産のあり方をみているといえよう。

スピノザ的神
ヘーゲル的神
デカルト的神
ライプニッツ的神

これらは、それぞれまさに〈ハイ〉イメージ〈神〉イメージ）の哲学的表出であり、現在の最先端的なハイ・イメージ生産の種差性の表示ともいえる。実名や実体の存在をこえてしまうものを、言述として（言語で語られないものを言語として）どう表出するかに、哲学的な格闘があった、それを、現在のハイ・テクノロジーは像生産しているにすぎない、ともいえる。これは、新しくないなどといっているのでなく、〈新しさ〉〈高度さ〉が、どこから表出されうるのかを明示している。

三角形なら三角形という幾何図形が、いかに表出されうるのか、その存在根拠を問うことと同質である。まず、ヘーゲルは「生命」という概念と、ある概念が内側から内在的に「変化」できるかを、幾何学的な認識にもちこんだ、と吉本はとらえる。スピノザに関係概念はなかったが、ヘーゲルははじめから「関係」という概念をもっていた。内在から外在へと描かれていく行為の曲面の変化を、ヘーゲルは哲学の入口にすえていたとなる。

スピノザの神は、「そこからすべての思惟も事物の世界も流れだしていくような、絶対的な無限の実存」であった。

デカルトの神は「わたしの思惟がわたしの存在であるような、世界の空無によって存在線上にあらわれた、最高の完全な存在者の観念であり、この観念からはいったん空無になった世界がふたたび事物の世界にかわる、そういう二重の規定をつつみこんだ〈神〉」であった。

ライプニッツの神は、「単子の混在した表象を、整序によって絶えず差異化している場（場所）の像にちかい」ものであった。そして、その単子の概念は、現在の生体の細胞概念にちかく、脳の作る構造と知的な感性的作図とのあいだの描像にちかいものであった。

これらは、実体的な眼、超観する眼、生命的な眼、生命と変化の眼、という像のあり方の変貌として、とらえられているといってよい。

ライプニッツにとって、自然は神であると考えられたとき、「なぜ自然の事象はいまあるように実在して、別様に実在していないのか」という問いがなりたつ。

自然に「運動」の観点を導入し、自然の物理作用を神の形而上学的な概念と結びつけることを、ライプニッツは「方向」の概念をもって、きわめて素粒子的な「場」に類似する形而上学を考えた。それは、アリストテレスの「元」からとらえられた運動に近く、それは哲学と技術（科学と文明）の分裂に対応していく。偶然性と必然性は、つねに相互変容する自然と考えられる。

ヘーゲルは、これをかえる。自然は、「感覚作用によって限定された自然」へとかえられる。対象を限定することなしに意識は行動しえない。観察の限界が自然の限界とされたとき、自然は「段階化」する。

マルクスは、そこに「労働」という生産行為であると同時に対象的な行為を媒介にいれて、「人間という有機的な自然」を介在させる。観察するじぶんの意識と対象としての自分の意識のあいだは、交換という関係に入り、振動（ゆらぎ）をじぶんで増殖していく過程とする。余裕・反響、戯れ、遊びとして存在していた交換作用は、ぬきさしならない「組みこみ」の概念に転化し、非常にきゅうくつな息苦しい関係が設定された。

そして、この非有機的肉体としての全自然と、有機的自然としての人間の肉体とのあいだの「組みこみ」は「価値化の領域」をうみだすことになる。

「有用性としての価値」と「時間—空間の変容としての価値」という二重化がおこり、どこかで統合されていなければならぬことになる。

吉本は、〈自然〉という概念が、像にむけて変容する様を描いたといえよう。最初のあるがままの自然が、運動し、生命的に関係し、対象的に価値化され、時空の変容としてつかまれていく。それは、「像としての自然」あるいは「像化する自然」としてとらえられたものであった。価値がうみだされるとともに、価値が消滅していく過程でもある。

価値概念を、社会経済学的な概念から、「普遍経済学的な概念」にかえることが、吉本の本質的なモチーフである。

(e)〈前古代〉という先進性の想像生産

ハイ・イメージ論のなかで、思想的かつ本質的に、《高度さ》をもっとも意味づけているのは、最先端性が前古代性の表出に相応している観点である。時代が進めば進むほど、古代国家成立以前の、アジア的な前古代性が想像的にみえてくる——「想像生産される」とわたしはとらえたい——。そこに、人類の類的な本質が探りあてられる。

前古代論は、都市、文学、言語をめぐってなされるが、真正面から論じられているのは

地図論—前古代都市
連結論—自然都市論
形態論—地名、文学
表音転移論—言語

である。

先端性に前古代を照応させていく作業は、吉本隆明

の思想表出による〈想像生産〉であり、西欧的思考様式を対象化し地盤を転じようとする格闘である。これは、吉本をふまえていくのか、ふまえないのかの、思想的選択の分岐点であって、真実＝事実であるかいなかでなく、想像生産の闘争の場に、それをいれこむかいれこまないかという戦略である。もちろん、わたし（たち）は、吉本思想を前提として、想像的生産を考えていきたいのだ。

前古代をめぐる考証は、吉本の論述をそのまま読まれたい。要約や再録は、微妙な考察を見落としかねないほど論述そのものが想像生産されているからだ。ただ、次の点だけは客観化しうる。

世界視線の先端性は、前古代的な表象へと近づいていることにより、人類の本質が現出しはじめ、みえはじめている。

前古代的な存在は、古代的な国家への編制以前として、非国家的な存在を表象しえている。

それは、社会の実定化へと収集していく古代国家から近代国家への歴史線と逆立する〈社会の非実定化〉への歴史線を、今後描きだしていくと想定される。前古代と古代国家との間にある断線は、高度資本主義国家と非国家化／場所世界との間にある断線と同質のものを表出しうる。

〈小括〉

像の想像生産が、価値論として考察されぬいている点を強調しておきたいが、答えが出ているわけではない。高度機械化／労働価値と異なる次元で、価値表出が働きはじめているという想像プラチックが、近代的な〈社会像〉を「非実定化」しつつあるという実際を確認しておくことだ。

〈社会像〉はもはや統一したひとつの意味や全体性をもたない。〈帝国〉のイメージが押しつけられている、と批判的思想は執拗に語るが、どんなに〈社会像〉を帝国がリードしようと、「〈帝国〉の虚構的イメージ」が、同時に「語られえないイメージ」として産出されてしまっている。ブッシュ大統領のバカ面が、同時に世界へ伝達されており、その言述の虚偽性が遠景で爆弾の煙がたちのぼる映像とともに、実際はそんなものでないという非映像の想像生産をうみだしている。まさに〈死の視線〉は、類的存在の表出であるということだ。

ハイ・イメージ論は、高度化して、近代的な思考ではとらえきれない現実イメージを、いかに言述や資料を見直してとらえていったらよいかを開示したきわめて〈高度〉な議論である。ウェブスターの「情報社会を読む」——西欧的な凡庸思考の典型——と「ハイ・イメージ論」を比較してみたとき、その雲泥の差異に、わたしたちは驚愕する。もう、西欧的思考で〈現在〉世界の先端性はとらえきれない、〈西欧＝近代〉の枠組の崩壊がみえている。この思考の高度さは、日本の現実が、アメリカ合衆国の高度さとはちがって、アジア的な前古代的な存在を内在し、高度資本主義を未熟に産出しえているため、そのさまざまな欠陥からみえてくるものといえるかもしれない。

ハイ・イメージ論は、共同幻想の〈現在〉論といわれているが、注意深く共同幻想論として結論づけていない、思考しえていない域がある。それは、現在的なハイ・イメージの〈共同幻想〉産出が、国家の非国家化といえる段階へ突入してしまっていることと、社会像の生産を意味ないものへ死化している、つまり〈社会の非実定化〉を像生産しているということだ。わたしたちは、ハイ・イメージ論を「共同幻想の非国家化」論としてつぎの思考へとすすめていけるはずだ。

思想的表出による言述を理論化したとき、その理論作用における抽象化は、思想によって捨象された＝領有された域を、まさに切りすててしまうため、理論上の偽装を余儀なくされる。わたしたちは、吉本の言述の枠にとどまるほかない——吉本を吉本として読むほかない——それを承知のうえで、しかし、ある理論水準を切り拓かないことには、理論設計を社会環境設計へとツール化しえないのだ。

像価値を、わたしたちは、《想像生産》とパワー関係の場へと、理論化していくことがもとめられる。

「未分化な自然」を「分離された自然」と「非分離の自然」へと分化するのが、想像生産の基本であり、双方の、設計原理はまったく異なるパワー関係を作用させる。前者は、自然を人間のパワーのもとでコントロールする設計となり、後者は、自然に領有された限定域内で受動的に関与するパワー関係となる。現在の、高度資本主義は、「自然／人工」の情報の像化をめぐって、さまざまなストラグルとして象徴＝文化闘争されている「段階」にある。

第一節まとめ：想像生産とパワー関係

後期＝晩期資本主義の特徴は、社会構成体的な秩序が崩れ、社会表象が複雑な権力諸関係の網の目から、常に、動的に、再秩序化をすすめているなかで、商品と資本が対立し、国家権力と非権力との対峙関係のなかで、政治表象が多彩化し、社会の非実定化が促進されていることにある。これらの物質基盤は、情報技術と生命環境との関係にあり、〈資本と場所〉が〈商品と〈市民〉社会〉にかわって、構成されてきているところにある。

こうした、後期＝晩期資本主義は、実際には、資本ならざる商品集中市場の産業社会であって、資本の運営は未熟なまま形成された。それゆえ、高度資本主義の国家秩序が、高度資本主義国家として民族国家の枠内で構成されたのである。その源となったのが、次節で論述する〈高度サービス制度〉である。高度サービス制度の仕組みは、産業社会を経済化し、商品国家経済の市民社会を形成し、民族国家のイデオロギー下での国家権力の政治社会化をすすめた。高度サービス制度化なしに、国家の画一的で均質的な統一秩序化しうる政治経済の発展はありえなかった。後期＝晩期資本主義は、この高度サービス制度化が上限に達し、それ以上の発展がありえない次元に、情報技術経済を創生しているところにある。

経済と社会との関係がいかなるものであるかが、〈高度〉さを考察するうえでの要となる。

これからは、経済が社会から離床して分離された状態をもってそれを理論考察しても意味がない。経済の中へ社会が組み込まれたという状態を想定することが、第一である。社会が経済化された状態といってもよい。社会諸関係のあらゆる領域に経済が浸透しきったのである。そのとき、経済そのものの性格が変容していることが、とらえられねばならない。広義のエコノミーそのものに〈経済〉がなってきたといってもよいだろう。

〈産業経済〉とは、極めて特殊な経済生産様式であった。この産業経済は、まず、経済の低開発性にたいして〈制度〉を社会秩序化し、制度を通じて、経済化をすすめたのである。その結果、商品諸関係が、第二次産業だけでなく、第三次産業、第一次産業までかえていった。〈消費の社会〉が、その頂点である。

消費の社会を到達線とし、それが、新しい社会秩序の基盤となって、社会秩序化が新たにすすんでいるのが〈高度社会〉である。そして、この〈高度社会〉は、社会そのものを非実定化するベクトルをパワー関係においてもつため、より高度な国家統制を要される。この矛盾対立的な進行を、高度資本主義国家から、高度情報主義国家への移行においてわたしたちは考える手立てを追ってきた。

「消費の社会」と「情報の社会」との移行的関係とはいかなるものであるのか、現象的にはインターネット上でショッピングができるという、店へ直接に身体がおもむいて物＝商品を買うのではなく、情報のなかから物＝商品を買うと自らのところへとどく、という関係ができあがっている。これは、何を意味するのであろうか？

第一に、交換関係になんの変化もない。

第二に、使用価値上の変化が文化的におきているわけでもない。

第三に、価値形態論的に何の変化もない。

つまり、商品関係上では、これといった本質的な変化はおきていない。何がかわったかというと、「分配」上のシステムの変化である。

モノ＝商品が分配されるところに、「情報」が支配的に入りこんできて、別の場が構成される事態が分水嶺的に生起したということだ。まだ、直接、店にいって買うという分配場が店という事態は残っているが、同時に店にいかずに買えるという新しい分配場が設定され、双方が、分水嶺的にしかし補完しあっている、という事態である。

だが、この事態は、商品の購入効率が選択的によくなったというものではなく、分配様式上で情報が決定的な位置をもつ新たなパワー関係がつくられはじめている、という社会本質的な変化をとらえることを要している。店のなかにある情報とコンピュータ上での情報との間に情報内容上のちがいはないのに、前者は手でふれられる実態的な情報であるのにたいし、後者が触知しえない記号的な情報になったことで、いったい何が変化しているのかということだ。パワー関係が、物交換的な関係から情報交換関係にかわったとき、いかなる変容をもたらされるか、といいかえてもよい。マーク・ポスターの情報様式論に欠落しているのは、「分配様式」という政治的な前線における情報の介入と布置化の意味をとらえていない点にある。

結論的にいうと、商品の情報交換様式から、資本の情報生産様式への転移が先起しているということなのだ。インターネット・ショッピングは、まだ、商品の情報交換様式でしかない。しかし、情報がデータ化されるその次元をこえて、情報が生産される／生成される次元がうみだされつつあるということを見おとしてはならない。

情報を領有する側の、文化資本度に応じて、データ化されている情報を、自らの生活空間として情報生産／情報生成し、自ら固有の生活世界をつくりだしていくことが可能になった、ということの初発である。したがって、情報＝モノの分配様式において、分配する側は、自らの経済利害をコントロールする政治経済技術を働かせるとともに、国家秩序側は非国家化する可能ベクトルをもった情報資本生成のコントロールを再秩序化へむけて、分配＝政治的に、情報装置としてくみたてていくということだ。それには、一方では超国家的な同盟協定が要される。Ｇ７の国際会議では、それがひとつの焦点となる。他方では、既存国家内での情報統制を強化する。情報保護法は、個人の情報を守るといいながら実際には統制するその典型である。

情報交換関係を維持しようとする情報国家の再秩序化にたいして、「資本の情報生産」は、場所の政治経済をパワー関係においてつくりあげることにかかっている。情報生産／情報生成の場を、〈場所〉の述語性へと生命経済化することが、場所環境の分配様式上での、パワー関係をめぐる闘いとなってくる。高度情報主義国家とは、この場所の胎頭を限定づけ、画一的な国民経済市場をなんとか情報交換において維持しようとする力を働かせる。

かかる情報様式のなかで、モノは、商品化＝情報交換化と文化技術化＝情報生成化との対立関係／緊張関係におかれる。商品と資本との対立が先起しはじめているのである。データ化されモノ化されていく「モノ」と、文化技術を包含した技術化されたモノとの、モノ自体の情報的分岐が、使う側の使い方において、「所有」か「領有」かの対立が生じはじめているといってよい。「資本」は、資本家が所有する財ではなく、領有域で働く〝シテ cité〟となっている。

想像生産は、像の価値化と非価値化、社会の実定化と非実定化、場所における分離化と非分離化、経済の商品化と資本化、情報の交換化と生成化、技術の科学技術化と文化技術化、といった。「A」と「非A」の相反的な分化をうみだすパワー関係として作用する。とくに《高度さ》は、それを激化するパワー関係にある。かかる変容の事態が、よりはっきりされるには、高度資本主義化をまねいた、高度サービス制度の物質的＝制度的な変化による象徴秩序変容を、明確にしておくことだ。つまり、情報を交換・生成している根拠の地盤を、はっきりとさせておかないとマーク・ポスター的な論議へ横辷りしてしまう。

第二節　高度サービス国家

1、高度サービス制度

学ぶ行為、いやす行為、移動する（歩く）行為という、人間の基本的な生存行為を、経済化し、制度規範化し、国家秩序化することに、近代国家は総力をかけたのはなぜか？

学校装置、病院装置、モーター輸送装置は国家装置として、象徴暴力的なおしつけを行使した。ルイ・アルチュセールは、これらを国家のイデオロギー装置として「イデオロギーに働きかけるもの」ととらえたが、それだけにとどまる装置ではない。イバン・イリイチが示したように、人間の基本的必要をおしつける制度が「平和の為の戦争」として国家間で競われたものでもあるが、そこにとどまるサービス制度だけでもない。イデオロギー、経済、政治が国税をベースに使用して制度生産様式を国家政治的にくみたてた「生-権力」の装置であるが、フーコーがいう身体と人口に働きかける「生-権力」にとどまるものでもない。アルチュセール、イリイチ、フーコーによって開示された地平から、問題を再構成して考えるべき領域が高度サービス制度にはある。彼らの考えを複合的に構成してとらえた実際を、「高度サービス国家制度」「高度サービス国家装置」とくくれるが、理論的には、もう一歩つっこんで、対象化しておかねばならない諸関係がある。それは、サービスを媒介にして生産様式と権力関係との関係を対象化するところに、社会を実定化して国家秩序が成立したという領域が鮮明にされることだ。

〈社会なるもの（the social）〉はすべての諸関係を包含して〈社会 society〉を「実定化 positivité」する。この「社会の実定化」は、経済でも政治でもない〈サービス制度〉から構成されて、経済や政治の性格を改めていくとさえいえる。イデオロギーにはたらきかけるのは、それが構造的に成立したことによってである。そしてサービス制度は、人口と身体への「生―権力」的働きかけをもって形成されていく。国家が形成されるだけでない、非国家的な権力関係／パワー関係の網の目が潜在的に形成されてもいる。国家化と非国家化とのせめぎあいがあるゆえ、国家はその秩序化にやっきになる。民の存在をある意味でほっておいたアジア的な段階でなく、民の生存に直接かかわる制度諸関係における個人化を徹底させる先進的な段階が、そこには構成されている。

近代国家は、産業サービス制度の形成を同時にスタートさせ——正確には、「軍事」と「教育」の世俗化＝制度化をもって——経済の産業化、政治の民主主義化をすすめていった。経済や政治の近代原理が、サービス制度を通じて人々のひとりひとりの身体へ浸透させられていく。「高度さ」は、これがすべての〈人口—身体〉へいきとどき、学校、病院、モーター輸送の三大産業パラダイムにおいて、巨大＝システム化したものにおける逆生産性が、権力関係の網の目のなかでそれぞれの個人化／小システム化へむかい、〈社会〉の非実定化を促進しはじめるところにある。国家画一的なサービス提供にかわって、個々人に応じたサービスのくみたてが、要されるようになる。この「個人化」の様式が、同じ様式／同じツールをつかっての個人化（規範化）から、個々人によって、様式やツールが違ってくること（非規範化）へのシフトが必然的におきてくる。それは、情報の高度化によって可能となっている。高度な国家秩序は、この非国家／非社会化をうながす動きに対して、再秩序化をはかろうとする動きである。

(a) 産業サービス制度と再生産秩序

産業サービス制度は、三つの範型をもつ。教育と医療とモーター輸送である。この三つは、人間の自律行為を基本的必要としておしつけ、制度生産による「商品」化された世界を社会制度として構成する。この社会制度は、商品的規制をうけつつ、逆に、社会の側から経済化を促進する。未発達な経済状態において、商品経済的関係をつくりあげつつ、社会へ浸透させて商品経済をうけいれる経済化をすすめていくのだ。工業生産が消費生活へ徹底していくうえで、制度生産は非常に大きな役割を果たした。これは、国家による経済の促進という局面を歴史的につくりだした。国家化された社会サービス制度なしに、経済発展はありえなかったといえる。いわゆる先進国とはこれが成功した国民経済国家であり、いわゆる後進国とはそれが成功しなかった、遅れたと裁定される国民経済国家である。学校教育の制度化は19世紀に、世界水準でほとんど同じ時期に国家的に組成されてスタートしている。メキシコは日本よりはやくその法的な制度化が開始されたが、日本のほうが経済化がはやまったのは社会サービス制度化が急速に実質上すすめられたからである。これを、経済基盤があったからと理解するのは、制度生産を見失うことになる。

制度と経済との関係は、国家と経済との社会秩序をつくりあげるうえでの要であったことを、制度システムとしてでなく「制度生産」という社会経済の生産様式からとらえることが肝心である。

制度生産は、サービスを商品として構成し、教育、治療、速度が商品化されており、それを提供する側がサービス労働者として教師、医師、運転士のように専門資格化され、うける側が、生徒、患者、通勤者のようにシャドウワーカーとなって構成されている。この制度生産は、サービス＝商品の受容をもって社会生活上での生存が可能であるという思い込みと実際の利益をあたえ、制度への心理的な「依存」を徹底させる。そして、制度生産を通じて、家庭と生産場とが結び付けられる。生徒、患者、通勤者のシャドウワーク側からの支払いは家庭がおこない（「消費者」側に所属し）、家庭から「健全」な身体を生産場へ送り出すのだ。制度生産のさらに隠れた大きな存在であるシャドウワーカーは、主婦の無賃金の家事労働となっている。

制度生産で、賃金をうけとるのはサービス労働に従事する教師、医師、運転士たちであるが、この専門資格もまた、制度生産を通じて付与される。生産者の再生産を、制度生産は、賃労働者の育成としておこなうが、なかでもサービス労働者をとくに特権化して（医学部、教員養成学部）実施される。経済生産とは生産物の再生産であるが、制度生産は、生産者の再生産をおもにしながら、消費者の依存的再生産を実施している。この領域は、生産物の生産よりも、社会的で大きな比重を占めていることは、経験的に認知しえよう。すべての子供たちは学校へいき、ほとんどすべての病人は病院をはじめとする医療処置をうけ、移動において、すべての人はモーター輸送を使う。他のものを選びえない《ラディカル独占》がそこには構成されている。

制度生産は、制度化されていることにおいて、国家化されている。医師の国家試験、教員の国家試験、さらに、サービス領域で、弁護士や警察官など、国家試験を主にした国家公務員化が構成されて、「公務」というオフィシャル化がなされている。これは、実態的な国家秩序であるが、制度生産のさらに大きな国家的な機能は、共同幻想の享受を自然化することにある。

共同幻想の享受は、共同利益の共有を物質的な土台にして、制度へ依存・従属すれば、それがえられるという思いこみ、信仰となっている。学校へいけば、能力が形成され、病院へいけば病気が治る、モーターシステム輸送に乗れば速く移動できるという、システム上の利が共同幻想化されているのだ。ところが、実際には学校へいっても力能は麻痺し（英語を6年間ならっても、英字新聞を読めもしなければ、英会話もできない）、病院で病人の数は年々ふえるのみであり、交通渋滞をはじめ、移動をえるための時間はふえてしまっている。にもかかわらず利があるという産業的神話が、共同幻想化されている。

制度生産において、専門家であるサービス労働者は、シャドウワーカーである生徒や患者に対するコミュニケーションをもって働きかけるが、同じ教材、同じ治療法を技術的媒介にして、制度が提供する共同秩序に従属することが、個人の利になることを実際にうみだしていく。対的関係をもって、共同関係を主体的従属としておしつけていく、最高度の巧妙なシステムである。しかも、資格の獲得、実際の治療による治癒という「利」を諸個人はえる。かなりのコストを払ってである。

(b) 基本的必要のおしつけと再生産

さらに、制度生産の考察をすすめていこう。教育、医療、輸送は、人間が社会的に生存していくうえで基本的必要であると共同幻想化されている。学ぶ行為、いやす行為、歩く行為は、人間の自律行為として存在プラチックしているが、それは、教育、医療、移動速度とは違う次元で個々人が自律的になしうるものである。教育、医療、移動は、学校制度、病院制度、輸送制度が、生存上の基本的な必要であるとおしつけるサービス商品そのものである。自律行為のサービス商品への転化は、制度生産の主要任務である。まずは、制度が最初に国家的援助と法のもとに編成される。この制度が、社会的に容認されていくために、制度のサービスを享受することが諸個人の利益となる仕組みがつくられる。高い資格をもった者がよりよい経済条件をえるよう、企業経済の側が協力する。健康な身体、そして、速い移動が生産性の向上のために要求される。制度生産は、基本的必要として社会化されたものを、サービス商品として提供し、それが経済利益に結びつくようにすることで、社会を秩序化するものである。ここに、労働力の再生産、イデオロギーの再生産、社会的諸関係の再生産が、実際に営まれる。再生産が、経済の社会的秩序化をつくりあげている点が需要であり、経済学的な狭い規定ではすまされない領域である。

さらに、基本的必要＝サービス商品を提供する「サービス労働」が賃労働の形態をともなって労働様式のひとつの軸を構成している。サービス労働は、教育、医療、移動といったサービス商品を生産し、シャドウワーカーたる子供／病人／通勤者・通学者に伝達するだけでなく再生産をもになう存在である。かかる再生産者の生産をも、産業サービス制度はになう。「生産者の再生産」と「再生産者の生産」の双方を制度生産はくみたてている。

こうした複相的な制度生産様式は、国家試験をもって、「再生産者の生産」に関与する。教員試験、医師試験、さらに司法試験までを含んで国家公務員試験が実行される。国家統制が、受験者の自発的な選択＝服従の側からなされるメカニズムが、権力関係としてくみたてられている。個人の生活利益が国家と結びついて再生産の安定化＝秩序化がなされる窮極的な構成であり、高度資本主義国家は、これを、ヒエラルキー的に全人口にかぶせえた秩序である。

教育、医療、移動が、人間の生存にとって基本的必要であるとされたとき、〈社会〉そのものがあるのは当然であるという、「社会の実定化」が何の疑いもなく日々くみたてられる。つまり、社会化されたものは、人間がその社会で必要であるだけなのに、永劫不変的に必要なものであるとみなされていくことが、権力関係としてはりめぐらされ、共同幻想化されて、何の疑いもなくなる。ここに、国家マネーの普遍化や、生命保険をはじめとする保険制度への依存が、当然のごとく、社会的に生活生存していくうえで必要なものとして作用していく。〈死〉の保険である。像と同じく、生存の必要も「死」の側から構成される高度化である。

基本的必要は、「死」を防ぐ社会的必要を再生産する土台となっているのだ。

(c) 〈制度生産と制度的再生産〉の権力関係

制度生産は、制度的再生産を併立させている。制度的再生産は、社会的再生産と文化的再生産の二つの再生産からなる。

社会的再生産とは、社会的諸関係を再生産する関係に関わるものであり、文化的再生産はそこで恣意性を正統なものへと再生産する内容に関わるものである。前者では〈教える—学ぶ〉関係（教師—生徒）、〈治療する—いやす〉関係（医師—患者）の諸関係が再生産されることであり、後者では、教える内容＝真理がテクストによって正統化され伝達されること、治療する内容＝真理が処方箋によって正統化され伝達されることである。真理の再生産が、真理の生産（教育的知、医学的知）とともになされる。教師、医師がなす行為が、正統化された内容＝真理のもとにいとなまれるとき、教師、医師の社会的権威が成立している。

制度生産に失敗している者は、教師、医師の専門性の失格として処罰される。誤った教育方法、誤診などが徹底して告発されるのは、正統性と権威性とを制度の社会集団が必死に守っているためである。

正統性は、さらに、制度生産が権威化されていることによって「規範化 normalization」されている。規範化が、身体の個人化へ徹底され、制度の再生産が守られ、社会秩序が安定していく。

規範化は、規範にそぐわない者を排除、監禁するシステムを、制度生産のなかに矯正装置としてつくりだす。狂気、犯罪の精神病院・刑務所の監禁システムだけでなく、健康ならざる者である病人を監禁する病院システム、そして、生産者／社会人ならざる者である子供／生徒を監禁する学校システムに、処罰と管理のシステムが、同質のものとして構成される。国家は、この規範化を制度生産のなかにしっかりとくみこむことにより、制度装置に、監禁と処罰の巧妙な権力関係の仕組みを社会的に構成しえている。

さらに、この規範化における「正常—異常」の識別は、正常＝自己、異常＝非自己として、自己から非自己を排除する主体化のメカニズムを働かせるものである。制度生産のなかでは、つねに、異常／逸脱が排除されることにおいて、自己から非自己がとりのぞかれる主体化＝自己アイデンティティの確立が求められている。これは、とくに、性主体の確立として、欲望主体の自己管理において徹底される。

その制度上の結果は家庭が、労働主体と性主体を育成する場として、制度生産の裏側に制度再生産をいとなむよう要されている。

(d) 福祉国家——〈社会〉防衛の砦

制度再生産の窮極が、福祉国家化である。教育や医療という最低限の基本的必要が、全人口へいきわたるべく、国家は、国税を使用して、福祉へそれを割り当てる。とくに、障害者と老人の生きる権利に、それをあてる。軍事費と福祉費の二つが、国家の社会防衛としての要になる。これは、身体（個人）と人口（全体）とが、守られていくうえでのバイオ・ポリティクスの窮極となる。実際に、福祉や軍事に十分な資金が供給されるわけでないのに、最低限の保障が、安全と生存のために支払われるのだ。国家は、この生かす権利をなおざりにしたとき、人間の基本的必要の窮極に怠慢であることによって、信頼性をうしなうゆえ、絶対的かつ最小限的に、この福祉化を軍事化と併行させてすすめる。福祉は内部へむけて、軍事は外部へむけて、双方が〈社会〉を防衛する平和のための戦争が、いとなまれるのだ。軍事＝若者狩りと、福祉＝老人狩りとが、社会保障の正統化のもとですすめられる。

福祉国家は、サービスの制度的再生産における「社会の実定化」の窮極形態である。国家が、「国民のため」に存立していることを構造化した窮極形態であるということだ。

国家が国民のためにあるという大前提は、階級的な視点からは、支配階級（政治家／官僚／資本家）が自らの利益を守るために、国民を抑在支配することと理解されているが、実際には、国民ひとりひとりに利になるものとして受容されないかぎりありえない「合意」が要されると修正された。しかし、こうしたマルクス主義＝グラムシ主義の考え方をさらにすすめて、権力は、ものごとを可能にするパワー関係として成立するという、フーコー的観点が、権力観を逆転させる。〈人口—身体〉という、全体的なものと個的なものとの双方へ関与する《生—権力》が、政治解剖学的に構成される。それが「困った国民を救う」福祉国家の理想となって、国家秩序化される。つまり、老人や心身障害者、難民は制度生産を自らでもって受容しえない排除された存在行為者になってしまうため、この制度から外部化される存在を国家的に包摂することで、「いざ困ったときは助けますよ」という幻想をふりまくのだ。実質、自分たちで支払っていることを、国家からの再分配へ委託するこの福祉国家は、再生産しえない者を再生産へくみこむという国家による実質的包摂の最終形態である。

2、金融国家と場所マネー

国家秩序のなかで、国家マネーの存在は決定的なものとなる。日本では、円以外のものは通用しない。街中には海外でよくみられるマネーチェンジの店さえない。各国では各国毎のマネーが、国家マネーとして運用される。国立銀行を軸に、私企業の銀行が、諸個人のマネーの運用をつかさどる。マネーは、国家と個人を結ぶ、生活体における血のような流れである。

経験的に、イタリアやフランスでユーロ・ドラーを使うのに２００２年以前まだ不安をおぼえたのは、国家マネーへの信頼のほうが強い事を意味していた。他方、ユーロ・ドラーの金融で勘定を欺す日常の行為が、旅行者をターゲットになされたりしている。マネーの社会的使用が単一化していないことで起こる不信の実際であるといえる。（鉄道駅での一万円のユーロへ換金が60ドル、街中の交換店で50ドル、ホテルで70ドルというちがい。）

モロッコのカサブランカ空港では、出国手続きの外部へいくと、デューティ・ショップではフランス・フランが中心で、モロッコマネーは使えず、レストランでは、モロッコマネーのみが、通用している。これがユーロ・ドラーによって、ユーロ内部だけでなく、外部へも通用するようになることは、効率性と便利さをこえた、何事になるのか、ひとつの大きな、国家マネーの超克をめぐる実際の実験である。イギリスでは、ポンドの方がまだ流通しつづけてユーロ・ドラーは使用されていない。

左翼も革命家も、国家を信用しない国家への抵抗を宣していながら、国家マネーへの依存を少しも疑わないどころか、銀行に預金した生活依存をしているのが実状である。マネーの社会的使用こそが問われてしかれるべきなのに、もっとも疑われない場を国家マネーは占めている。

国家マネーへの過度の信頼は、社会的営為の円滑化/安定化としてもっとも基本である。制度生産/再生産によって、国家への共同幻想的受容はなされているが、国家マネーの信頼が失われたとき、それは崩れる。国家マネーは、共同幻想性と実際の社会プラチックとを、安定的/秩序的に結びつけている。国家が借金だらけで財政破綻するという、経済学者による経済計算をどんなにみせられたところで、この幻想性は崩壊しない。他方、国家マネーにかわって、ローカルマネーをもって、場所固有の経済活動をしようとする動きが最近ではじめている。これは、国家の財政統治が限界にあることからうまれてきた現象であるが、国家の存在を脅かすというより、国家に依拠しない場所経済活動をすすめようという、非国家の場所政治のあらわれである。

また、社会生活をいとなむうえで、生命保険をはじめとする保険制度への消費者の依存は、極めて浸透してしまっているのも、保険制度が国家的保障として成立しているからである。

しかし、生命保険会社の存在が改めて問われている。いったい、生命保険とは、いかなる擬制の制度であるのか、マネーの仕組みとして最大の搾取システムをとらえておく必要がある。

さらに、国家マネーは、日々の各人の使用であるとともに、国家財政の源である国税として、国家秩序の存続の中心を占める。国税の社会的使用に、国家の信頼度がかかっているが、国税を納めるという、国民行為は逃れたいものとして、わたしたちにまとわりついている。

マネーが国家化されるのは何故か？国家マネーが、支配的な単一性をとりえているのは何故か？　国家マネーなくして国民経済は成り立たないが、非国家マネーによる新たな経済活動は成り立ちえるのか？

さらに、マネーなくしての経済活動は成立しうるのかどうか？　何故、経済活動にマネーはかくも中心的なものとなりえているのか？　こうした問いに、誰一人答えをだしえない。価値形態論からマネーの必然をとかれたところで、マネーの存在そのものを、マルクスでさえとらえられなかった。ケインズ経済学は、マネーを問わないところに成立した。唯一、ゲゼルのマネー理論が見直されはじめている。

マネーとは一体何であるのか？　かくも、日常に浸透し、国家間での交換市場として働いている国家マネーの相互信頼性もなぜなのか？　納得のいく説明さえどこにもない。ましてや、理論なるものは、社会科学的に全くないといってよい。

だが、マネーの社会的働き、国家マネーの社会的な作用は、できる限りクリティカルにとらえておく必要がある。国家の非国家化のなかで金融資本主義の変容は決定的な意味をもつからである。

マネーの実際性を営みながら、わたしはマネーの「エピステモロジック革命」を理論的に対象化しようと考えているが、問題視点だけははっきりとさせておこう。

(a)国家マネーとローカルマネー

マネーほど、実際性と幻想性との区分がないものはないといえるのではないだろうか。言語は、その象徴秩序と言語表出との関係をいくぶん対象化しうるところまできているが、マネーはさらに、物質性と象徴性との区分もない形で働いているため、近代の思考体系ではとらえがたい次元にある。

しかし、実際に使用されたときの実際効果が、言語以上に物質的な秩序の結果としてでてくるため、マネーの社会的使用を変えていくことでまき起こされる諸関係は、対象化しうるはずだ。現在、ローカルマネーがそれぞれの場所／地域で使用され始めていることから、マネーの社会性は、より対象化されてこよう。

国家マネーの社会的使用とローカルマネーの場所的使用との違いは、一体何を意味するのであろうか。ここで、わたしたちは、「マネーの社会的使用」と「マネーの場所的使用」とを区分する事で、マネーそのものの意味作用をかえようとすることが、なんであるのかを問題構成しているのだ。

ゲゼルがたてたローカルマネーは国家マネーと設計原理が逆立する。国家マネーにおいては、蓄えておけば、マネーは増殖する。ローカルマネーは蓄えておくと価値が減少する。そのため、ローカルマネーはすぐ使用され、経済が急速に活性化する。国家秩序の安定性と単一性はあっというまに崩壊してしまうため、国家はローカルマネーの禁止を命じた。

なぜ、国家マネーは蓄えていると増殖するのか?それは、増殖する場所が、蓄えられている場所とは異なる事によって、ある場所から別の場所の価値を奪い取っているためである。投資は、場所の収奪性からなる。他方、ローカルマネーは同じ場所に働いているため、使う便利さ以外の意味をもたない。他の場所を収奪しないのが、ローカルマネーの特徴で、それは他の場所で有用性をもたないからだ。価値そのものが、非価値化される関係が成立してくると使用化/有用化は、環境を生かすものが優位にたつ。価値化された世界では、使用化/有用化は常に抽象的な交換関係へ転じられねばならないため、場所/環境の拘束性は、邪魔にしかならない。

場所性に限定されたマネーと、場所性をなくして社会的に使用されるマネーとの違いを自覚して、前者をローカルマネー、後者を、国家マネーでなく、世界マネーの次元で、同時的にマネー運用しうる《場所政治》が、国家政治をこえる力として、現在、問われているのである。

この点は、これからの社会環境設計の要であるといえる。場所住民は、相当の金額のマネーを、国家マネー下の私銀行や郵便局に貯金している。この住民が所有するマネーを、場所政治によって世界マネーとして運用することで、所有マネーを領有マネーにかえ、その利益を場所の住民に再分配するシステムが、ひとつ、かなり実際的なものとして構想されうる。現在、マネーに自覚をもったほんの少数の個人が、自らの資産マネーを世界性へ疎外＝表出しているにすぎないが、これを場所政治の信用度の確立――それは、必然に国家財政への依存からの独立――自立を意味する――としていとなみえたところが、場所経済の活性化をなしうるであろう。それは、同時に、場所経済の域内でローカルマネーを作用させてこそである。マネーのこの相互性を共存させて動かしうるところが、場所的に成功すると想定される。場所経済を一部のシティ銀行が支配していることが、場所経済の停滞を招いているのもマネー経済が国家マネーとして一般化、抽象化されて世界金融にもとどかない金融力能の不能性でとめられているからだ。この次元は、プラチックには脱出すべきである。

このとき、いわゆる都市銀行と、地域銀行との相対的な対立状況が設定されてしかるべきである。都市銀行は、国民経済の代行者であるが、地域銀行は、場所経済の代行者となることだ。ここは、銀行の可能性と限界とが、金融資本上の政治経済的争点になっていくと思われる。

(b)公的利息と個的利息

銀行にお金を預けることを、安全性とそれに付帯する利息による利益化とを重ねて、ほとんどの人が疑わない。郵便貯金は、さらなる国家保護による、安全性として共同幻想化されている。郵貯の民営化をもっとも強調した小泉でさえ内閣総理大臣となっても、実行しえない。銀行がない村にまで浸透する共同幻想＝国家秩序の強さがそこにある。左翼活動家も、銀行貯金をなんら疑っていない。国家金融システムは、ようやく、銀行倒産が当たり前となってきた現在でさえ、疑われることなく、存続しえている。いったい、何が、こうした制度機関システムの存在を可能にしているのか？

マックス・ヴェバーは、社会が成立するうえで、社会的な規制性が正統性をえるのは、それに依拠することでえる利益が依拠しないでえる損害よりも大きい場合に成立すると明示しているが、学校制度以上に金融システムの場合、その正統性が直接のマネー利益とつながっているため大きい。銀行や郵便局にマネーを預けてあれば、自然過程のように安全であり、かつ、増殖していくとみなされている幻想成立には、そらおそろしいほど見事な、イデオロギー・プラチックがなされている。その最大の根拠は「利息の社会化」にある。

日本の銀行では、利息は、一律にして同じである。同じ銀行で利息が違ったなら、なぜあちらは自分より利息がよいのかと非難される関係性—権力関係—が、成立している。

他方、スイスのプライベート・バンクでは、何パーセントの利息で運営したいのか、それに合わせて、投資計画がつくられる。個人の要望に合わせて、利息が異なるのだ。日本でこれを企業関係者たちに説明していったところ、「怪しい」という感想がかえってくる。「危ない」マネーゲームだと思われる。

さらに、アメリカ合衆国のマネーゲームでは、数十パーセントもの利息が、冒険的になされる。国を揺るがしてしまうほどのマネーゲームのはて、すってんてんになった投資会社がいくつもあるが、成功しているときは、大きな利息が入ってくる。

日本／スイス／アメリカと、極端なケースを典型的にとりだしているが、マネーをめぐる三つの本質的な性格が表象されているといえよう。

日本の利息は、「商品化されている利息」である。この商品はどこでも同じ価格（コスト）であって、価格すなわち利息が異なるのは、正統性が失われることにつながる。私的利息が、社会的に保証されてこそ成り立つのだ。したがって、個人の口座よりも、企業口座の方が、信用度が高くなる。会社の方が信用され、個人の方は信用度が下がる。

スイスのプライベートバンクは、「資本化された利息」と考えられる。個々人の文化資本度によって、「利息」の設計が個人の側の考えからくみたてられる。個人は一度信用されたなら、その信用の文化相続度が重要で、社会的な会社は個人より信用度がない。個人とのみ接触するのだ。

アメリカ合衆国のマネーゲームの場合は、会社も個人も関係ない。マネーのみが、社会的な諸関係から切り離される。「利息」が徹底的に物象化され、投資技術のみによって運用される「技術化された利息」である。当然リスクは大きい。

こうした三つのケースは、マネーが一枚岩でないこと、世界金融システムは、国家の枠をこえて動きえているため、日本のように国家枠に必死におしこめることが要される一方、容易に国家をこえるマネーの動きを作りだしうるということにもなる。誰もコントロールしえないマネーがあるさまざまなコントロール技術のせめぎあい、闘いによって動いている。このマネーの本質は、権力関係の中で動的であり、権力関係を作用させたり、転換させたり、守ったりするうえでの、極めて、身体的な血の流れのようなものである。

ここでは、「商品としてのマネー」と「資本としてのマネー」と「技術としてのマネー」の三つの相があること、それが、社会秩序を構成しえていることを指摘するにとどめる。

(c)生命保険の国家搾取

この資本主義世界で、もっとも、資本主義らしくないものが、日本における銀行システムと生命保険システムである。国家が容認した二つの巨大搾取システムといって過言ではあるまい。銀行の庶民に対する横暴さは、自らのでたらめな経営、経済システムのいい加減さから由来する。金融の運営などなしえない、ただ、他人のお金を預かって他者へ資金運用をゆだね、金利の計算すらできない不能化した人的な構成が、とくに東京三菱銀行などを筆頭に営まれている。東京三菱銀行は、個人より法人組織を信用する。三井住友銀行は、法人より個人を信用する傾向をもつ。ちがいは、いずれ後者の勝利として結果しよう。

銀行よりひどいのが、生命保険である。金利による増殖よりも、支払いの利率が高いシステムで、破綻しないはずがない。《死算》という人間の死を計算するそれも、金融市場の動きに、何の対応策もとられえない計算のための計算だ。ただ、巨大な資金を有している日本生命のみが、機能しているくらいで、生命保険のような、人を完全に騙し、自分たちの経営がいきずまって倒産など、ひどいものである。

問題は、何故、かかる、国家的な搾取が容認され、多くの人々に受容されて疑われないのか。ここに、産業資本主義のひとつの社会本質的な構造があるといってよい。

それは、「生きること／生活すること」へ介入した産業主義的な搾取の様態である。

マネーのからくりを、逆利用した日本の銀行と生命保険は、人の弱みにつけこんだ、最大の搾取システムとして、産業商品的に作用している。資本はどこにも作用してないといって過言ではない。資本を商品的な「資金／資産」へ経済主義化したシステムといってよい。

人は、生きていく上で生活を営む〈不安〉におそわれるのも、資本主義というより産業社会経済システムとして、自らの〈労働〉を頼るほかないため、不可避である。しかも、〈賃労働＋シャドウワーク〉の社会労働において、働き手である賃労働者＝家主が、死んだ場合、生活のすべてがなくなる。銀行貯金と生命保険は、産業労働システムが個人化されているこの域につけこむ。万一のためにお金を貯め、生命保険をかけておくこと。いかにも、「生と死の権利」であるかのように、社会システムとしての欠陥を、個人の努力へ転嫁し、そこに甘い「利息」があるかのごときメカニズムをつくり、心理的な「不安」を解消するだけでなく、システム／制度へ依存していれば、だいじょうぶであるかのような受容を、諸個人へ主体化＝従属化するよう強いるのだ。

産業〈社会〉経済の特徴は、物事を〈個人化〉して、個の主体性に任せ、社会編制をみえないようにし、社会秩序の安定化をはかる社会的なエコノミーメカニズムをつくりだす。学校化＝制度化された存在は、個人化によって生き抜くことを強いられる。単純にいえば、社会システムそのものがかかえている矛盾を、自らの力で生き抜くことを強いられるのだ。社会生活上、銀行預金と生命保険は、二つの「生のための権利」であるかのように、個人的に作用する。

個人化とマネーとの直接関係を、社会的に組み立てる二つの搾取装置といえる。

単純である。生命保険にはいらないこと。自らの経済的生存は、マネーの実際である世界市場にたいして自らが関与しうる、諸関係をつくりだし、そこから、自らの〈不安〉を取り除く〈リスク〉にかけること、それだけである。社会制度として安定した銀行制度も保険制度も、本来からしてありえないのだ。元金保証などというのは、マネーの本質でも実際でもなく、ありえないことをあるかのように偽装して、自らの経済利益システムをつくった銀行と保険会社の二大搾取である。

そもそもからして、マネー自体が増殖することのおかしさに輪をかけて、自らの生命の死に、マネーを掛けて、増殖しようなどという考え方の愚かさを自覚すべきであろう。生命保険会社の搾取ぶりはそれとして、生命保険なるものに自らの〈生存〉を懸けている自己技術のなさけなさを転換すべきと思うのだ。

(d)国税と再分配システムの転移

〈国税〉とは何か？　国家が国家として存続するうえでのマネーを国民から搾取する最大、最強のシステムである。国税は、いかにも、国民の為に財政予算化して使われるような錯視をつくりだし、国税の正統化を守る。国税なくして国民生活が成り立たないかのような国家幻想をつくりあげている。

逆にいうと、国民の半数が、国税を納めない抵抗運動を起こしたとすると、国家は容易に破綻する。だが、国税を納めないという、非共同幻想的な動きや意志を国民は国民であるかぎりとらない。

国税は、近代国家が、国家マネーを使用して、再分配の政治システムをつくりあげた要／基本軸である。この国税の存在するかぎり、言うまでもなく、近代国家の国家秩序は存続する。国税を出しぬく者は、犯罪者として処罰されるが、国家犯罪の際たるものは、戦争と国税であるといってよい。

国税に対して、自らの税システムの導入を、いくつかの地方行政がはじめている。石原都知事の外形標準課税、横浜市行政による、馬券売上げへの地方税の導入などがあるが、これは、「税の国家化」と「税の場所化」との設計原理が対立的になりうる事を示したケースで、再分配のシステムにおいて、国家化する権力関係と場所化する権力関係との対立が生起しているケースといえよう。

再分配の本来のシステムは、古代経済的に、贈与／互酬性／再分配としてカール・ポランニーによって対象化されたが、贈与も互酬性も、日常の生活プラチックのなかで、非経済的であるかのように存続しているように、再分配も、国家へ収奪されえない次元で再構成しうるのか、地方行政が〈場所行政〉へと転じていくうえでのポイントである。古代的に再分配は、ポトラッチの形で、王による権威主張の蕩尽としてなされたが、現在の、高速道路建設、橋建設、高架線化など、まさに、建設会社への国税ポトラッチのようなものである。建設会社が儲け、いかにも、住民へのサービス供給のように偽装されているが、この再分配を、行政官僚に委ねるのではなく、場所住民による再分配システムへと転移することだ。そのためには、国税を納めるのではなく、場所税のシステムを〈場所経済―場所政治〉でつくりだしていくことである。

住民の環境利益になるような再分配システムをつくりだすことが、求められている。

(e)国家マネーをこえるマネー革命

マネーの「エピステモロジック革命」を、わたしたちは、想像生産しつつ、実際には、ローカルマネーと、世界金融システムを駆使して、〈場所―地球〉マネーの流れを、場所政治経済としてうちたてることだ。ゲゼルのマネー理論は、それを展望し、国家経済の経済的限界を自らもっともよく知っていたケインズは、それを絶賛した。マネーに使われるのではなく、マネーを使う力能を自らが領有すること、それはいかにして可能であるのか、資本主義のマネーゲームをこえる、マネーの環境的使用を考えだすことだ。

マネーのエピステモロジックな変遷は、《交換すること》の史的変遷であり、かつ、「贈与」の謎を解き明かしていくことから、マネーによる共同秩序にかわる想像生産秩序を構想する事である。〈現在〉の高度さのもっとも高度な創造的想像生産であろう。

〈補〉

日本では、ペイオフを前に金融庁の指導の名のもとに、全国の信用金庫、信用組合の自己破綻宣言へのうながしが行なわれ、２００2年2月まで70社あまりが倒産した(させられた)。地域の要求にこたえていた信金・信組が、清算されたのである。ある意味で、地域にたいして社会主義的な性質をもっていたものをつくり、その必要がじゃまになり、一掃しているともいえるが、信組・信金が地域の場所づくりまでをかねた金融をなしえず、都市銀行と同じ国家マネーの代行をしていたがゆえ敗北したともいえる。江東区の永代信用組合は、自己破綻宣言を拒否したため、金融庁によって強制破綻させられた。マスコミでは、都市銀行と同じ規準をもって評価することが誤りだとコメントしているが、事態はもっと本質的にとらえるべきである。

国家マネーの側は、金融システムの一元化をすすめ、信組の管理を自治体から国家へ移管したが、これは、社会の実定化をすすめるうえでは、同じものさしではかる必要があることの実例である。マネーは、資本としてのマネーと商品としてのマネーに分立しつつある。国家マネー側は、国民経済の画一性のもとでの「商品マネー」（利率が同じ）の徹底化をはかる。永代信組が試みた、無担保／無保証人／短期決済という個々別々の要求にこたえる「資本としてのマネー化」の動向を、国家マネー＝金融庁は測定する手段も承認する技術もない。中央＝金融庁と、場所金融＝信組との対立構造が、露呈したケースで、そこには「資本と社会化との対立」と「商品と社会化との安定（合一）」との対立が生起したということなのだ。

大企業＝中央と中小企業＝地方との対立の構造も、金融庁↕信組の構造にからんでいるが、これらは、本質的には、国家＝共同幻想と場所＝共同幻想との対立が露呈したものである。すでに、原子力発電所やゴミ処理場をめぐる住民投票で発生した、〈中央＝国家〉対〈地方＝場所〉との対立が、金融／マネーにおいても、はっきりと出現したということは、場所の存立が、国家の安定において死活の問題としてでてきたことを意味する。

そして、ここには「社会」が共同幻想でなく、共同意識の合意体として均質化＝画一化によって安定させるという社会技術が働かせられている。金融検査マニュアルにもとづいた処理は「権限はあるが責任はない」と平然と豪語する管財人たちによって官僚的に処理されていく。そして、場所としての共同幻想の社会環境技術は、おそらく、ことごとく合法性の枠をはみだしてしまう存在条件によって構成されていると思われる。だが、中小企業をめぐる実際の利害関係は、そこ（合法性の外部）に発生する。

こうした本質的な次元―場所設計がらみの金融、資本としてのマネー、場所共同幻想―は、貸倒れ引当金、自己資本率強化などの経済的社会技術によって対処しうる問題ではない。堺屋太一は、日本の銀行は金融業者としての能力と責任感ばかりか、基本的な社会機能もはたしていない、と指摘するだけで、ことの本質を見ぬけていないし、宮脇淳や金子勝も、地域を大事にしろと正しい指摘をしているが（「提言・デフレ対策・中小企業」『朝日新聞』）、本質を見きれていない。

場所性の固有化は、世界性の強化をともなってこそなされうるのも、〈資本〉とは《場所―国際性》の両極において働きうるものであるからだ。場所のローカルマネーと世界性の国際マネーとの、両極をマネー・マネージメントしないかぎり、場所の金融設計は成立しえない。永代信組の敗北は必然であるが、社会を実定化する金融庁の国家マネーの官僚化の限界も、明確に逆射された。

この原稿のゲラがあがってきたあとの、実際の出来事が2002年1月13日に生起したので、補充しておく。

3、輸送国家と場所交通

金融国家における国家マネーとローカル・マネーとの関係は、交通輸送における国家的輸送システムと場所交通との関係に似ているのも、双方に「コミニュケーション交通」という本質次元が共通しているからである。

初期資本主義は、産業国家の確立のために鉄道網と道路網を全国へはりめぐらせ、人口と物資の移動、輸送、つまり、労働力の都市集中化と原料物資の工場輸送および商品の地方普及とをめざした。人とモノの移動は、産業の発展のための不可避的な構成であった。国家事業として、まず河川輸送にかわる鉄道輸送が末端にまで徹底してつくられた。現在廃線においこまれているようなところまで、鉄道ははりめぐらされたのである。

鉄道建設は、最初の地域振興事業でもあった。近代国家秩序の編成のために、地域が動員されていくうえで、国家的＝場所的事業であったが、場所が喪失される画一経済化の拠点ともなっていったのである。

鉄道輸送量と道路輸送量が半々となり、後者が主となっていくのは、１９６０年代の中頃であるが、そこから、高度サービス輸送の時代に入ったと考えてよい。鉄道は、労働力の都市化という役割を大きく生産域における身体／人口の流動としてになっていたが、道路は、物流の流動肥大化をうみだし、かつ、人の消費域における移動―観光・遊業―をつくりだしている。生産域よりも流通域・消費域での人流／物流の比重が高まったのが、高度化のひとつのあらわれである。

さらに重要ないままで見逃されていた点がある。鉄道網／道路網によって、環境域が破壊されていった現象に、とくに、輸送道路が分配域での決定的な位置を占めていたことである。分配域が環境域である点がまったく見逃されていた。

舗装道路の景観は、道の景観を壊しただけでなく、分配域を高度な物流、さらに情報（＝データ）流へとくみあげていくことで、環境空間を、物流の均質経済空間へと空間がえしてきたのだ。ほとんど無用の長物となった歩道橋などは、その最たるものである。

国家的輸送は、速度の画一化による加速化を最優先する。新幹線はその頂点といえる。弾丸輸送が企画されているが、それは、国家輸送の「より多くの人たちをより速く」の設計原理には則さない。国家秩序をこえてしまう設計原理が働いていくことになるであろう。

他方、場所交通は加速化ではなく、環境をこわさない範囲での快適なコミュニケーション交通が、基本原理となる。狭い道を広げる事でなく、道の景観をいかすあり方を、輸送よりも重視してくみたてることだ。

(a)初期資本主義的輸送

初期資本主義は、人／馬／船の輸送にかわって、地球エネルギー（石炭、石油 etc.）によってモーターを動かしうる交通機関を発明し、輸送システムとしてつくりだすことから形成されていく。ひとつには、原料の輸送、ついで労働力の輸送、それから、製品、商品の輸送が、物流システムとして時速百キロを理想形にしてくみたてられていったが、１９６０年代になって一般化する。少なくとも、自転車速度（時速四十キロ）をこえる加速化が最低速度として要された。

輸送システムとともに、居住空間の郊外化がすすみ、鉄道駅を拠点にして街づくりが日本ではなされた。フランスやイタリアにいってみればわかるが、都市部をはなれれば鉄道駅は〝駅〟でしかなく、そのまわりに街づくりなどはなされていない。居住域は、静かな場所として別に存在しており、駅を中心にした経済化は、輸送化との幻想が招いたひとつの虚構経済である。そのため、駅ビルの空洞化が年々すすんでいる。

「交通」と「輸送」とは区別されねばならない。交通とは自律的な移動である。輸送とは他律的な移動である。産業化は、モーター輸送化における速度の加速化によって交通を不能化していくシステムであった。初期資本主義は、鉄道網と道路網とによって、産業化を準備していく段階にあった。生産場と消費場との間に物理的へだたりをつくりだし、そこを経済化した。これにより、社会的諸関係の利害関係がくみかえられていく。

1960年代末、やくざ映画がはやったが、高倉健や藤純子が出演した、唐獅子牡丹／緋牡丹博徒では、船舶輸送（河川／海）にかわって鉄道輸送が侵蝕していくさいの利害対立抗争が場景に描かれている。産業社会の限界がはっきりしてきたとき、悪しき産業化をすすめ伝統世間を破壊する〈悪しき〉やくざにたちむかう、〈正義〉の高倉健や藤純子に拍手をおくったのも、時代的な表出であった。その後「仁義なき闘い」「トラック野郎」と菅原文太の「車」社会の映画へとかわっていく。

水輸送を陸輸送へ切りかえていくことによって、場所の固有さがなくなり経済的な画一空間へかわっていく産業化＝輸送化の時代がはじまっていく。

(b)高速道路と高速鉄道

速度の高度化は、時速百キロメートルを最低基準にして展開される。日本では東名高速道路の開通からそれははじまる。同時に、「こだま」から「ひかり」への新幹線への鉄道輸送の高速化がなされる。

加速化は、極限にむけてすすめられ、速度生産様式は、人／モノの情報交通へとその次元をかえる。定住労働力の移動でなく、行って、帰って来るという情報交換が主要な移動となっていく。飛行機速度と高速鉄道はほぼ同じ時間を要する。東京—大阪間は、新幹線で行っても飛行機で行っても、飛行場と都心への移動時間と待ち時間を加えると、ほぼ同じ時間がかかる。ロンドン―パリ間でも同様である。これは社会的時間としての移動時間のひとつの〈高度さ〉の極限を示している。抽象的物理速度としては飛行機が速いが、社会時間での実際はほぼ同じ時間となる。

これはまた、松本市のような小都市では、10～15分ぐらいの時間だと、自動車速度と自転車速度とがほぼ同じになる。信号で車が待っている時間、自転車による近道を通ると、ほぼ、実際的な社会時間では同じになるか自転車の方が速くさえなる。これも、ひとつの社会空間の中で〈高度さ〉に限界域があることを示している。この〈高度さ〉は、情報交換が介入してくる次元へと転じていく水準であるといえよう。実際の物／人の移動にかわって、情報が移動する交通次元がうみだされるのだ。

逆にいうと、社会空間でのひとつの上限に速度が達したとき、その社会空間は、全国どこでも同じような社会空間として、画一社会が実定化されているのを示している。場所的特性が失われる速度空間である。

産業化は、無限成長・無限発展をそのイデオロギーとするが、社会的には限界づけられる。無限ということはありえない。消費商品でも、場所を設定すれば、場所人口以上に物は売れないのである。この限定性を、産業化の経済は見誤った。高速度社会は、その限界を、はっきりと目にみえる形で示しただけでなく、交通渋滞というマイナスの不可避的な現象を発生させたのである。生産性が逆生産性をうみだすところに、〈高度さ〉への分岐がうまれ、逆生産性が50パーセントをこえていったとき、〈高度さ〉の限界がみえてくる。

(c)場所交通と歩く街

イリイチは、他律輸送と自律移動と交通そのものの三つの概念を識別し、他律モーター輸送／他律エネルギーの増大が、自律移動力能を麻痺させるととらえ、その中間に、人間の自律エネルギーをもって、機械（インダストリアルな産物）を使う《自転車》速度空間が中心の社会空間が、快適空間であると示したが、この考察は、非常にすぐれているといえる。

コンビビアルな街は、歩く／自転車を中心にモーター輸送が補完機能を働かせている空間で、実際にそのような街づくりは、街の活性化に成功しており、自動車速度を街中の中心速度へとくみたてる街は、あっという間にゴーストタウン化している。逆に、郊外スーパーを街の周辺につくって、自動車速度で街を空洞化したケースも街の衰退を招いている。

街には、交通のコアとなる歴史的拠点が必ずある。かつては、河川を通じて物が入ってきた場所である。この交通場を再生しながら、歩く／自転車速度をコアに、街空間をつくることが、活性化をうながす。

さらに、場所人口に合わせて、モーター輸送である自動車の限定生産をすすめることだ。場所人口以上の物商品をつくっても意味がない。この場所限定経済は、一般的商品であるよりも、自動車＝交通の場として土台的につくりあげられることだ。これは、場所経済の分配域すなわち場所政治の要となる。

銀座の街が、まだこわれないのは、自動車が入り込んでも、自動車の速度が歩く速度／自動車速度をこえられない通りになっているためで、南北につらぬく晴海通りのみが自動車速度空間として、銀座を歩く人たちを分断している。東西方向の昭和通りも分断の線となっている。この街に、建物への駐車場設置義務をおしつけ、自動車速度中心として車をいれてしまったならあっという間に崩壊する。

松本市は、街のど真ん中に巨大駐車場をつくり、自動車道路の幅を拡大し、完全な自動車速度空間をつくってしまった。あっという間に、ゴーストタウン化するであろう。

生活空間は、歩く速度をもって成立する。それを補助的にしてしまった空間は、生活空間の力を失うことは、現実的に実証されている。

(d)加速化と情報化

加速化は、速度の商品化である。速い速度はコスト／価格が高くなる。そのぶん速い利便さを客は買う。時間の節約はしかし、より多くの移動時間を社会的には要することになる。通勤時間が30分の各駅停車で通勤していた者が、快速電車や特急ができることによって、より遠くへ住むようになり一時間以上の通勤時間をつかうようになるなどは、その典型である。高速道路も同じ社会的な役割を果たす。この逆生産性の現象は、産業社会経済のきわめて典型的な特徴である。移動機関への依存が増していく事によって、社会速度の発展が、社会をより実定化していく。パワー関係は、身体の拘束をコントロールしていくだけでなく、人口の都市周辺化の移動をもって、都市中心構造を社会的に実定化していく。高度化は、こうした社会空間の構造化を意味する。

そして、情報化が、この構造化された高度な構造をこえて、新たな次元を切り拓くのだ。"fast capitalism"とよばれるよう、資本主義は、産業的加速化をこえる情報的加速化によって、光速度の世界を構成した。これ以上の加速化は、ありえない極限にわたしたちはいるわけだ。〈国家〉は、国家をこえる光速度の情報流のなかで、自らの存立を必死に守っている。それが、過度的な「高度情報主義国家」の実際で、人／物の流通は、飛行機速度を上限に物理的に構成されている。光速度の情報流と飛行機速度の物流との間で構成された"fast capitalism"が、わたしたちの「高度」な現実世界であり、〈歩く〉自律性そのものは、前古代以来、少しのかわりもなく《場所》空間を形成している。つまり、場所空間は、歩く速度と光速度が入ってくる情報流との相反性の只中にあるのだ。この双方の共関／多元的均衡の表出をはかることが、場所の分配＝環境空間を決定していく。

第二節まとめ：サービス生産とパワー関係

高度サービス国家は、制度国家、金融国家（高速度）輸送国家であることを述べてきた。

金融も輸送も「サービス」である。そして、学校や病院ほどのラディカル独占でないにしても、システムとして同質のものを共有して独占的である。

制度、金融、輸送における高度化は、さらに、情報の光速度の国家コントロールとして新たな次元に突入している。制度に所属する人間の情報記号化、金融の情報マネー化、輸送品の情報処理化（トラックにすきまなく物量がおしこまれ、空の状態での移動がなくなっている）を、それぞれの制度機関がすすめることに比例して、これらの情報をいつでも国家が活用しうるようなくみたて、秘密裏にアクセスしうるくみたて、上限のコントロール装置といった事態を、国家はますます非国家しつづける情報流にたいして包含することを要される。サービスの情報化は、実際には、サービスの不十分さをうみだすという逆生産性を、人と人とのコミュニケーションの間に産出しはじめる。この、逆生産性の問題への公的解決という方向性も、国家秩序化の課題となる。

サービス生産は、他律様式のパワー関係を構造化している。この他律優位の構造化された産業サービス構造にたいして、自律様式優位の〝ホスピタリティ〟の原理にもとづく、対的な関係世界をパワー関係の網目において創成することが、場所政治経済の要となろう。他律サービス社会にかわるコンビビアルな自律的ホスピタリティの場所形成である。

サービスは、物に比して測定不可能と当初はみなされていたが、サービスの効率化と合理化とが結合して、サービス生産化／サービス商品化がすすむにつれ、サービスはある測定領域へとくみこまれてきた。サービスに従事する労働時間の測定、サービスの分類化／特定化がなされてきている。サービスはものや商品と同質の位置をえている。合理化（＝資本）は効率化（＝商品）と切り離されてもとめられるべきだ。

他方、ホスピタリティは、心的／身体的な環境空間域を含んで測定しえない、〈文化技術〉的「心身」表出にある。対者に、対的に関わるものであり、サービスのように一対多、多対多的な共同コミュニケーションではない、一対一の対的コミュニケーションに位置する。

ホスピタリティの心性は、前古代的なまれびと的歓待を包含している長期波動的なものであり、日常的に表出する文化的ハビトゥスである。産業経済基準からすると、もっとも非経済的な関係行為に表出されるものである。そして、場所文化技術的なホスピタリティとして国家に資本化されていると考えるべきものである。

高度サービス国家的秩序は、この対的ホスピタリティを余計なもの余分なものとして回避する。教員養成学部において、教育実習生が何よりも既存の専門教師から訓練されるのは、子どもとの一対一的な対のコミュニケーションで表出するホスピタリティをおしころし、効率的なサービス教育（一対多）へきりかえることである。医師のインターン訓練も同様である。子どもや患者へ、真心のこもったホスピタリティを行使していたなら、学校・病院の共同サービス秩序が非効率的になり崩壊してしまうからだ。

ホスピタリティは、しかし、老舗の旅館業やレストラン業、小さな高級店などで、生かされている。高価な代償を要されるが、それでも損をしたと感じさせないのは文化資本が供給されているためだ。これからの、文化資本世界で、ホスピタリティは、きわめて重要な原理を、コンビビアリティとともに要されよう。

高度サービス国家において〈高度さ〉の第一段階は、サービス供給域が50パーセントをこえて浸透し、ほぼ全域へ普及していく状態であり、第二段階は、逆生産性がうみだされはじめたときである。このとき、高度サービス制度の限界が自覚されはじめ、逆生産性が50パーセントをこえるとき、それは崩壊するといえるであろう。社会的な意味を喪失するからである。それが〈高度さ〉の第三段階、つまり、終焉へむけての本来もっていた意味が、自らで実行しえなくなっている段階をいう。飛行機会社の倒産、そして、大学の倒産、病院の倒産、と企業レベルでの崩壊がすすむだけでなく、それらを〈必要〉としていた社会関係が無意味化されていく。基本的必要の社会画一的普及の意味がなくなっていき、場所ごとで場所文化的な要請が創成されていく。そこでは、対的なコミュニケーション交通が中心的に、情報生成にささえられて働いている。

サービス生産のパワー関係は制度化を強め、社会の実定化を促進する地盤をつくりあげ、国家化や市場経済化をすすめていくが、ホスピタリティのパワー関係は、対的交通をもって、社会化や国家化や経済化をこえた次元で、場所において働いていく。

第三節　境界と国家
──言語と信仰の前古代的＝超先進的秩序──

国家領域を境界画定するもので、ある意味でみえるものが（表記されえる）「言語」であり、みえないものが（表記されえない）「（慣習的）信仰」である。国家言語と国家宗教としてそれは、イデオロギー的、プラクシス的に国家化されるが、言語域は国家に統合されえないもの〔バナキュラーな言語（方言、エスニック言語 etc.）〕を含み、信仰は教義的宗教に統合されえない伝統的な慣習＝信仰行為を含む。国家と言語／信仰の関係は、《境界》をめぐる政治秩序の要となる問題に関わる。逆にいうと、《高度化》がいかにすすもうと、前古代的な時間から変わりのない長期波動のプラチック存在が、言語と信仰にはあるが、近代国家はそれゆえ、このふたつの曖昧な領域に、とくに、「学校」の装置をもって、まさに、アルチュセールがいうようにイデオロギー的に子どもの時期に働きかけつづけたものの、ついに、秩序化しえない域として残された「生─権力」の場がある。

近代国家は、場所間の境界をなくしつつ、国家間の境界を画定していく。言語交換も、標準語を国家言語として構成し、方言を話し言葉の域におしこめ、学校教科書とメディアシステムをつかって、共通語化していく。そのなかで、旧来の慣習行為／信仰にかわる表面的には非信仰の「産業神話」をつくりだしていくのだ。学校へいくのは当たり前とされて疑われない産業的信仰・儀礼を日常化することで、旧来から生活慣習で営まれてきた信仰プラチックは迷信のように排除されていく。標準語で語られる真理の伝達様式が、毎日、学校で繰り返される。学校装置が、場所の境界をなくし国家統合を秩序化していくうえで果たした役割は、想像以上に、実際的には大きい。

ここでは、そこに隠されてきた潜んで生き残ってきた、言語／幻想／信仰の前古代的プラチックのあり方を探り当て、それらが〈高度化〉によって顕在化し、非国家化の重要な要素になってきている点を示しておきたい。というのも、「情報」の高度化は前古代的プラチックを解放していくようにみえるのである。類的想像力とでもいえる界を、これまでの様々な制限から解放するように思われるのだ。

1、想像的共同体と共同幻想国家

ベネディクト・アンダーソンの想像的共同体論は『言語と権力』と重ねて理解する時、非近代的な共同秩序の形成の観点から、近代国家形成の一般性と限界を抽出しうる可能性をもっている。想像的生産による国家形成をおさえるうえで参考になる。

「国家の非国家化」という政治設計学的な問題設定をした場合、国家の死滅というマルクス主義的な問題と「国家はなくならない」という観念＝イデオロギーの間には、〝state〟でなく「〝nation〟なり、〝nationality〟はなくならない」という問題が潜んでいる。

ベネディクト・アンダーソンは、エリック・ホブズボームの次のくだりを引用している。

「マルクス主義運動と国家は、形式的にも実質的にも、国民的、つまりナショナリストとなってきた。この傾向が、将来、消滅するであろうことを示す徴候はなにもない」と。

B・アンダ－ソンは、〝nationality〟〝nationess〟を、文化的人造物ととらえ、その歴史的存在、意味の変化とともに、「なぜかくも深く情念をゆさぶる正統性をもつのか」その根拠を検討し、この18世紀末に蒸留されて、モジュール化してきた、文化的人造物を、自由主義やファシズムの問題系列で扱うのではなく、「親族」や「宗教」といった概念の次元で考えたいとして、それを、「想像的政治共同体 imagined political community」と定義づける。

〝nation〟とは、

① 想像されたもの
② 限られたもの
③ 主権的なもの
④ ひとつの共同体

であるととらえる。「国家 nation の本質とは、すべての個々の国民が多くのことを共有しており、そして、また、多くのことをお互いがすっかり忘れてしまっていることにある」というルナンの定義は、吉本隆明の「幻想としての国家」を想起させるものがある。

いかに、「想像されたもの」ととらえようと、実態的にnationをとらえる西欧的思考の傾向性には、「共同幻想」なる概念は登場しようもないが、この「想像的な共同体」と「共同幻想」の関係を対象化する意味はある。想像界が、象徴秩序とプラチックな現実界とをいかに構成しているか、すでに第一節の「3、ハイ・イメージ論」においてとらえてきた点を、もう少し深めていってみたい。というのも、場所性と国家との関係をとらえるうえでこの「想像的なもの」と「共同幻想」との関係が明示される意味があるからだ。

逆にいうと、「共同幻想」と象徴界／想像界／現実界がいかに関わるかという、問題設定に社会科学的な意味をもたせていくことである。共同幻想は、象徴秩序を象徴生産し、想像秩序を想像生産し、現実界を現実生産する、と《生産＝表出》の観点からとらえたい。そのために、幾分遠回りしながら、B・アンダーソンの考察を領有していこう。

(a)　想像的政治共同体

B・アンダーソンは、ナショナリティの形成が、時間概念の歴史的な変容とバナキュラー言語の国家語化と出版資本主義の普及との合体から、基盤をつくられたと考える。

「均質で空虚な時間」の観念は、小説と新聞という二つの近代的な想像様式において登場してきたもので、相互に関係のない時間が、読み手によって同時的に了解される。ひとつは、単なる暦の上の偶然、そして、「明日には古紙になってしまう」新聞と市場との関係にみられる時間の観念である。

ここから、アンダーソンは、古来の三つの基本的文化概念が、公理として人々の精神を支配できなくなったとき、国民を共同体的にイメージする可能性がでてきたと考える。

1、特定の聖典言語のみが真理である。
2、宇宙論的（神的）摂理によって支配する王のもとで人々が組織されている。
3、世界と人の起源は本質的に同一であるという時間観念。

この、聖典言語論と王国と同一時間性にかわって、人間の言語多様性（バナキュラーな世俗言語）、均等な統治、均質で空虚な時間が、聖典言語と口語との間の時空につくりだされたというのだ。それが、出版印刷技術により、何百万人の人たちに伝播され、国民意識の基盤がつくられた、と。

そこに、

（1）交換とコミュニケーションの統一的な場が創出された。
（2）言語に新しい固定性が付与された。
（3）旧来の行政俗語とは異なる別種の権力の言語が創出された。

これらが出版資本主義による言語の拡大のもとで、政治的境界とは偶然的な関係をもつものでしかない、曖昧にして、しかし固定した「国語」を理解する人たちの場をつくりだしたという。それが、想像的な政治共同体であるというのだ。

アンダーソンの想像の共同体は、言語の使用をめぐる物質的な道具手段によって構成される「意識―精神」の世界であって、きわめて物質規定的であるが、この議論が、より本質的に生かされるためには、共同幻想という古来からの幻想形態と近代的なナショナリティとの統合を考察することである。吉本隆明は、「日本のナショナリズム」において、童謡に言語表出された―まさにバナキュラー言語化された日本語が童謡という学校教育的な場と印刷言語との文化普及を通じて国民にしみわたるアンダーソン的な場の設定―意識を考察した。

想像的共同体と共同幻想と、「言語‐意識」の関係が、高度資本主義国家の土台においていかなるものであるのか、近代の場における曖昧にして強固な国家的表出の域を定めておきたいからだ。

想像的共同体も共同幻想も《政治》的な問題設定からなる。政治国家を、制度化された政治学ではとらええないということと、新しい概念を政治理論的にもってこないと国家／ナショナリズムは論じえないという共通の問題設定がある。それは、同時に、国家はある支配階級の抑圧／暴力装置だなどというレーニン的な乱暴な議論ではすまされない、もっと自然的に人びとに受容されていく政治的なものだという問題意識がある。政治が、大衆／民においてもっとも自然的に表出してしまうのが「国家／ナショナリズム」だという問題意識である。

そして、両者で異なる点は、B・アンダーソンにとって18世紀以降の歴史的生成が大きな問題点であるのに、吉本隆明にとっては前古代から古代国家への生成が大きな問題点となる。これは、〈国家〉を歴史的にいかなる位置においてとらえるべきか、近代国家と、本質的国家との関わりを探るうえでの要である。

以上の問題点から順次考えていこう。

(b)　時間の多系化と空間の多元化

新聞と小説を例に、アンダーソンは、時間と空間が多系的・多元的に同時に構成されたことが、ナショナルな時間概念としてきわめて重要であると考える。読み手は、互いに出会っていない人物／出来事を、同時的な進行として了解する。

新聞の例はわかりやすい。あちこちでおきている事件や出来事が、同じ紙面上にいくつも掲載されている。相互にまったく関わりのない事件／出来事を、読者は同時に理解していく。そして、この新聞は、明日には古新聞としてすてられていく。

また、国民小説なるものが登場してきたとき、AとB、BとC、CとDのそれぞれの人物が、それぞれの場で物語を進行させていくが、AとC、ないし、AとDは互いを知らず出会うこともないのに、読者はそれらをひとつの動きとして理解していく。

こういう時間の多系性と空間の多元性の同時理解は、歴史的に前例がない〈時間観念〉であるとアンダーソンはいう。

ナショナルな感覚・意識は、こういうたしかさとあいまいさから成るものだというのだ。そして、それは、言語表現の時空がかわってきたことから生起しているのを意味する、と。表出の次元がかわってきたことであり、それによってディスクールの形成空間がかわってきたということだ。

さらに、出版言語は、こうした時間概念をより多く広く拡散させる。印刷技術の発展と出版資本主義は、出版言語の拡大世界をつくり、不特定の読者へそれを散種する。技術上の空間変容である。

他方、辞典編纂がすすめられ、言語の統一性が体系づけられていった点を、アンダーソンは重視する。それは、辞典言語における俗語なるバナキュラー言語の統一化であった。これが、国民語／国家語の基礎となっていく。

言語学・辞書編纂革命とヨーロッパ内での国民主義運動の昂揚が、王朝国家の存立をゆるがしていく。

イリイチのバナキュラー論を知るわたしたちは、「バナキュラー言語」の位置を歴史的に区別しておかねばならない。いわゆる、王朝国家／聖典言語にたいして、「英語」などはバナキュラー言語であった。それらのいくつかが、国家語として近代に統一化され支配言語となっていく。これは、エスニックな言語とはちがって、国家語へ上昇した言語である。

イリイチが、バナキュラー言語とよんだのは、さらに現在、国家語の統一支配のもとで、それぞれのエスニックの集団とともに残存している言語を含む。バナキュラーな話し言葉として、それは、ひとつの国民国家内に、多様に存在している。逆にいうと、いかなるバナキュラー言語が国家語となっていったかに、それぞれの国民国家の特性があるといっていい。

アンダーソンは、言語は、旗、衣裳、民族舞踊などと同じ扱いをしてはならない、言語は、「想像的共同体をうみだし、特定の連帯を構築する能力」をもつとする。「言語は排斥の手段ではない。原則としてどれでもどの言語でも学ぶことができる。それどころか、言語は本質的包括的であり、だれもすべての言語を学ぶほど長生きすることはできない」「ナショナリズムを発明したのは出版語であって、決してある特定の言語が本質としてナショナリズムをうみだすのではない」と、とらえている。

言語の歴史的変節を、アンダーソンは示しているわけであるが、ラテン語／ギリシア語など古典／聖典言語を宗教的に有していた西欧世界における世俗言語である英語／仏語／独語／伊語／西語などとちがって、日本語には、こうした言語史上の識別は、漢語の使用を尺度になされうるが、字の読み書きが上流階級から大衆レベルへ浸透するのは、あきらかに近代以降である。古代的に、万葉集の詠み人知らずの歌をその詠み人自身が書いたとは考えられない。吉本は、こうした日本語の言語状況をかんがみて、「表出史」という視点をもってこざるをえなかったといえる。自己表出と指示表出の度合いがかわっていくというとらえかただ。アルファベット化した西欧言語とちがって、ひらがなと漢字で表記されていく表象文字の表出上の根本的なちがいでもあり、言語本質的に日本語は近いのだと思われる。

(c) 言語空間と言語表出——言語の領有様式

言語領域が、時間の多系性と空間の多元性とを、ある言語空間として構成するとき、その〈領域—空間〉は、国民的な空間として構成されるも、政治空間とは合一しないとB・アンダーソンがいうとき、二つの問題が少なくとも疑問としてなげかけられる。第一は、政治空間と一致しない国民空間なるものが存立しえるのかという問題と、国境をこえてある言語空間が構成されるとき（たとえばラテンアメリカにおけるスペイン語圏）、それは国民意識とは別の次元での問題であろうということだ。

ナショナル言語 langue nationale と圏域言語 langue régionale（transnationale）と、さらに、共同体言語 langue commune と三つの言語次元が共存しているとピエール・ブルデューは機能的に叙述したりしたが、英語やスペイン語、ポルトガル語といった〈帝国〉言語による植民地言語化において、言語空間は、民族国家／国民国家との結びつきを政治的に画定しないかぎり、意味をもつとは考えられない。B・アンダーソンの「想像的共同体」なる問題設定が、ある政治国家的実定性とは異なる次元を切り拓きたいというのはわかるが、国家秩序形成において国家語の策定は統治心性上、死活の問題であって、かかる規定性から考察していかないと、言語空間の問題はあいまいとなってしまう。

このとき、わたしたちは、言語空間という「言語ヘゲモニー」の外在的空間と、言語表出という「非ヘゲモニー」の内在的言語域とを、しっかりと区別せねばならない。ここでの外在性／内在性の区分の基準点は、個の身体的表現におかれており、この個的身体がいかなる共同体／共同幻想におかれているかという規定性をうけてのことだ。つまり、〈わたし〉が日本にうまれ育ち日本語を語るということと、その〈わたし〉がメキシコへいって暮らしてスペイン語を話すことの、共同幻想的規定条件のちがいを、設定することから客観化されうる次元を考えることである。

〈わたし〉は、スペイン語を日本語との翻訳なしにある程度話し書き、かつ、夢をスペイン語でみたりするが、そのとき、スペイン的なナショナリズムでもアルゼンチン的なナショナリズムでもなく、メキシコ的なナショナリズムをどこかで領有しているのである。共感にせよ反撥にせよ、メキシコの社会的／歴史的情況と諸条件とともに、〈わたし〉はメキシコという〈場所〉で、スペイン語を領有したためである。これは、身体と共同幻想が〈場所〉性において共関しあうなかで、言語を領有していることを示している。社会的諸関係の総体において言語が領有されるという一般的規定をこえて、場所性において領有されるという述語域を、言語空間／言語表出において理解していくことがもとめられるのだ。

メキシコという国家内において、スペイン語は、共同体的言語、ナショナル言語、圏域的言語の三つの次元を同時に表明しているが、〈わたし〉は「ナショナルな言語」の場所性において、スペイン語を領有した。そして、共同的言語の次元で、その土地＝場所のインディオ語との相反性が存在し、とりあえずのコミュニケーション手段としてラテンアメリカおよびスペインで、圏域的言語としてそれを使いうるが、意識／共同幻想の規定性は《メキシコ》というナショナルな言語域に規定されているのだ。

日本語の領有には、場所的な規定性はきわめて稀薄になるのも、学校教育とマスメディアによる標準語＝共通語のナショナルな世界が固定的かつ画一的につくられており、かつ、日本語は圏域的言語の場をもちえていない（いくつかの単語、karaoke、koban、sushi、etc. は、トランスになっている）ゆえ、この三つの次元は自覚されない言語感覚になっている。

ひとつの、個人的な体験を範例にして、わたしがここで強調したい論点は、言語領有が「個的身体のおかれた場所性に述語的に規定される」ということである。主語的／主体的に所有されるのではないという点である。そして、言語空間の述語的規定性は、政治空間として外在的に言語へゲモニー的に構成されており、言語表出の述語的規定性は、その場所の支配的な共同幻想性において内的に構成されるという点である。近代において形成された、バナキュラー言語が国家語化された言語においては、このような規定性が不可避的に構成されているといえる。

共同幻想的な「知」とともに言語プラチックは領有される。ベニト・ファレスのインディオ初代大統領、カルデナスの社会主義、さらに、いくつものインディオ共同体の存在、古代アステカのケツアコアトルの神話、等々こうした共同幻想をめぐる〈知〉が、メキシコというナショナルな政治空間において、言語領有される。つまり、話し言葉と書き言葉の境界のない次元で、場所的に述語的に領有される。これが、当国の民衆にとっては、学校教育なり、共同体内での伝達なりで、それぞれ、日常生活で自然過程のように領有され、コード化されて、身体化されているといえるが、子どもの頃からの言語領有の形成過程では話しことばと書きことばの千里の径庭は、きわめて重要な表出上の違いをもたらす。パウロ・フレイレの識字教育とユネスコが同時期におこなった識字教育とのちがいは、この《書き言葉》化において非コード化される《意識化》のコード世界の存在を明示した。

話しことばで領有される言語コードは、政治空間の支配的構造を暗然に身体化するということだ。それにたいして、パウロ・フレイレは、言語を非コード化し、書きことばを識字化していく過程で、解放へむけた意

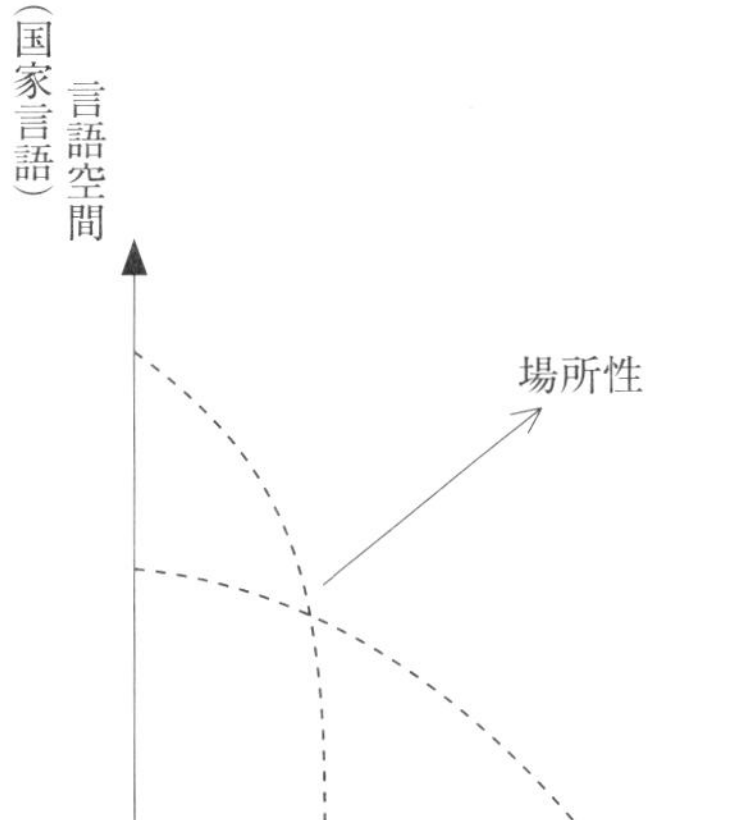

言語の領域様式

識化の言語コードを領有させていくと、革命的行動の言語領有が可能となるだけでなく、識字化がわずか6週間で構成されることを実際に示した。ユネスコ的な一般的コード世界では、識字化はほとんど功を奏しない。国家的な規模では、キューバ革命が一年間で、非識字撲滅運動として識字教育を非学校教育において革命実践した。

この、識字化は、国家言語の領有過程で反国家なり、革命なりの言語化をなしうることを示しているが、ナショナルな言語の構造次元において実施されている点を見失ってはならない。

言語領有の社会空間においては、指示性と表出性の相互変容が生じていると考えざるをえない。共同幻想表出が指示的となったり、国家言語表出が自己表出的となったりすることがおこりうるということだ。ナショナルな言語表現は、この相互変容性において構成されていると考えられる。

こうした複雑な観点から言語様式は、それぞれの国家語を歴史的な規定枠においたうえで種差的に考察されざるをえまい。このナショナルな国家枠は、直接の政治統治空間より本質的であるが、政治統治は、この国家言語の統括なしにはありえないといえる。

(d) 公定ナショナリズムと帝国の衰退

アンダーソンは、ロマノフ王朝、ハプスブルク王朝、ハノーヴァー王朝、さらに、ブルボン家、ホエンツォレルン家、ウィッテルスバハ家といった、王朝国家や王家の支配には、民族との一致はまったくなく、しかも行政上、国家語として使った出版バナキュラー言語は、便宜上のものでしかなかったと示している。

19世紀半ばまで、すべての君主は、国家語としていずれかのバナキュラー語を採用することで、帝国の地位と国民的地位との双方を守ろうとした。国民的帰属をナショナライゼーションとして、王朝権力の維持とくみあわせざるをえなくなったとき、君主王朝はその存在を失っていく。そこに、国民と王朝帝国との意図的合同たる「公定ナショナリズム」とよばれる現象がうまれていく。

言語と国民国家の多彩な状態を、アンダーソンは注意深く先行研究の成果を検証しながらすすめていく。

ロシア化、スコットランドを含むイギリス化、日本の天皇の三つの公定ナショナリズムを解読している。国民的に想像された共同体の世界的普及を、これらは共通してめざした典型例であるというのだ。

第一次世界大戦終了の1922年までに、王朝にかわる国民国家 nation-state ができあがったと、アンダーソンはのべているが、「第二次世界大戦の地殻変動をへ、国民国家の潮流は満潮に達した」といわれるよう、まあたらしいものでしかない。民衆の想像の共同体から排斥ないし周辺化されそうになった権力集団がとった応戦戦略が、「公定ナショナリズム」であったというわけだ。

民衆ナショナリズム、公定ナショナリズム、そして植民地ナショナリズムの三つのナショナリズムの史的検証をへて、アンダーソンは想像の共同体と国民国家との関係を示した。

選挙、政党組織、文化的祝典をいとなむ民衆ナショナリズム、文武の教育システムを行使する公定ナショナリズム、そして、市民の共和国の規定をかかげたクレオールの南北アメリカ、これらをもって、植民地枠内で植民地の指導層が独立国家化をはかっていく。インドシナのヴェトナム、インドネシア等で、いかに奇妙な「想像の共同体」が形成されたか、アンダーソンは、歴史に即しながらときあかしていく。

そして、ナショナリズムは排他的、差別的である以上に「愛着」「愛国」であることをプラスの意味で考えている。

現在的にいえば、サッカーのワールドカップの戦いにあらわれてくるようなナショナルなものの尊重であろう。植民地統治下において、いかに、隷属的な強制が実際になされたにせよ、国を愛する意識がうまれたと、アンダーソンは、「歴史の天使」の存在を「なくならない」ものとしてたてる。

わたしたちは、いったい、どう考えていくことで、このナショナリティ／ネイションネスが《高度》化した次元を考えていけばよいのだろうか？

(e) 場所的共同幻想

アンダーソンの「想像の共同体」は、あまりにもいろいろな問題を胎んでいるが、言語／出版業／辞典編纂が、ナショナル空間／時間形成に大きな役割をはたしていることの指摘は重要である。しかし、彼の言語観は、あまりに機能的／道具的である。言語の象徴システムがもつ幻想表出の次元は、考慮されていない。

わたしたちは、吉本隆明の言語表出論を領有している。言語の指示表出性と自己表出性から言語空間が表出されていくととらえるこの観点は、幻想表出／信仰表出の基盤として考えられうる。

つまり、言語の領有は、共同幻想の領有にどのようにつながっているかを考えることである。共同幻想とは、共同的に領有されている幻想であり、この幻想は、他界観から規範まで含んで、わたしたちの日常的な共同観念を構成している慣習的な「信仰プラチック」であると、わたしはとらえかえしたい。宗教化も神話化もされず、わたしたちの日常感覚に自然化されてしまっている幻想プラチック／信仰プラチックがある。その極限が日本では天皇制の共同幻想となっていくが、坪井洋文的にいうと、稲／モチを正月に食べるという慣習的な信仰プラチックが、稲作一元の天皇制的共同幻想と結びついている、という幻想プラチックがある。それは、同時に、イモ正月として非天皇制の想像的共同体の信仰プラチックがイモのかわりに大根を雑煮のなかにいれ、それとモチとを同時に食べようという慣習行為に共存しているものでもある。

つまり、わたしたちは、ほとんど自覚せず意識化せずに、さらに、たとえ意識化したにせよ、雑煮として大根とモチをいっしょに食べたり、モチだけを食べたりしている、これは、天皇制擁護か反天皇制かという政治意識の次元とは異なる慣習的信仰プラチックがあるということだ。

この癒着した「共同幻想プラチック」の問題を、わたしは、「国家的共同幻想」と「場所的共同幻想」のちがいとして区分したい。

国家的共同幻想は、国家語を場所に、国家秩序に必要な社会意識、国民意識を形成する。それは、現代日本では、学校教育システムを通じた産業〈社会〉経済の、社会の実定化をともなって、産業神話なる信仰プラチックと結合されて、さらに強固に固定される。この共同幻想は、学校が永久に必要であるという思いこみとして、歴史の非歴史化／非時間化において構築されている。そして古来から存続してきた多元的な場所は、国民的に画一化された均質空間として設計されるようなうながされ場所性をなくされる。

これに、たいして、場所的共同幻想は、場所ごとの共同幻想が異なるという考え方にたち、場所の述語性にもとづいた限定された共同幻想を活かしめるもの、場所固有の生命的な環境を活かしめるものとして考えられる。

ナショナリティは、国家的共同幻想に包摂されているが、郷土愛は場所的共同幻想に包摂されている。国家が、国家的危機におちいったとき、郷土愛が国土愛と接合してウルトラ化することがありえれば、また、国土のおしつけにたいして郷土愛が対抗してくる場合もありうる。本質的に、共同幻想表出しているうえで国土愛／ナショナリティも郷土愛も同じであるが、その表出度合の限定づけがちがうことで、前者は主語的になる指示表出度を強くもつが、後者は述語的な自己表出度にとどまっている。指示性の高さは、社会化されていく。そして、述語的自己表出の非指示性は、場所の意志として出現するにとどまる。この場所限定がはずされて、無自覚的に無限定になると、郷土愛は国土愛に連結してしまうという表出変容が生じる。他界性の信仰プラチックが、非場所的に宗教化してしまうともいえる。

場所環境に即した、〈言語〉〈ことば〉を、とりもどすことであり、方言のより根底に存在する風土的言語をほりおこし、場所の時間性を、国家的時間性とはことなって、言語時間へくみこんでいくことだ。谷川健一たちの地名のほりおこしは、その重要ないとなみである。それは、他の場所の時空のちがいを尊重することにつながるものである。

想像的共同体における〈高度さ〉の次元においては、ナショナルな画一性にたいして、場所の時空の固有性の存在が自覚されはじめるため、その固有性の非集中的な多元化する力をなくすべく、既存の国家秩序へ統合／統一する力を働かせるあり方が強まることをいう。言語的にこれは、学校教育システムにおけるテクストをより統合的に統制するあり方として反動的に出現するが、西尾幹二らの『国民教科書』があえてこの時代につくられたりするのは、ひとつの必然的な表象であるのだ。しかし、携帯電話やメディア・ツールの個人化によって、ほとんど統合力をもたなくなっているのも実状である。

言語表出において指示表出と自己表出が構成する次元がある。

言語様式は、その社会的使用として歴史的諸条件の規制のもとにおかれるが、規制条件をつくりだす作用ももたらす。

その言語様式は、指示性を強めることで社会化していくことと、指示性の場所所定のもとで述語的な自己表出度を強めるものとは、分岐する。

指示性の社会的広がりは、国家の画一性までいき、それは、国家語としての表出性へと構成される。

指示性が場所限定された言語は、述語的な話しことばの自己表出度として〈方言〉にとどまる。

自己表出度のまったく別の基準がつくられた標準語／国家語と、方言との共存において、社会的使用と場所的使用とのちがいが、場所的には存続しえている。（学校のなかでは標準語／国家語を話し、学校の外の生活圏では方言が話される、という状況である）。

言語様式は、18世紀／19世紀以降、次のような歴史的構成をこうむる。

国家語の指示表出性の拡大は、出版言語と辞典編纂によって普及し、リテラシーとナショナリティを結びつける「意識界」を共同的につくりだした。

他方、国家間の国際関係において、民衆ナリョナリズムと公定ナショナリズムと植民地ナショナリズムとの混成のなかで、各国特有のナショナルな秩序が、国家的につくりだされていくが、政治構造と直結しているわけでなく、対立しつつもずれをもちながら存在する。

かかるずれが生起する本質には、場所的共同幻想と国家的共同幻想との相互交通が、対立／調整しながら存在しているためで、言語様式は、方言／バナキュラー言語と標準語／国家語として、その想像的表出を構成している。

言語と国家をめぐる諸課題を抽出してきたが、その政治様式を検討していくには、言語の社会科学的な考察をへていった方がよい。言語の社会的使用が恣意的に思考されうるため、理論的なプラチックがうまく作用しないのだ。この理論的限界は、逆に言語の可能性を開いてしまっていることでもあるが、少しでも、わたしたちは、言語の政治的プラチックを活かす道を切り拓いていくべく、考察の手がかりをつかんでいきたい。

2、国家の言語空間と社会の実定化

ピエール・ブルデューの言語交換論は、社会の実定化が言語使用をめぐってどのようになされるかを、もっともよく明示したものであり、イリイチのバナキュラー言語論と比較考察することで、国家の存在根拠と言語の非国家化の可能性をさぐるうえで、理論プラチックのヒントを領有しうる。勿論、ブルデューにもイリイチにも、非国家化の設計学的な視座はない。社会の暗黙の実定化と実践の実定化が、この二人にはあるのみであるが、言語学的な言語空間の抽象化にたいして、歴史的な社会学的な規制諸関係がどのように構成しているかを明示した点では、非常に鋭い分析的考察になりえている。つねに、わたしたちは、よき成果からその潜在的な切開の地平＝デプラスマンの地平を、設計学的にさぐりあてていくことだ。

(a)バナキュラーな言語と母語

国家語は、通常、〝母国語〝と日本では呼ばれるが、英語の言語は、mother tongue/mother language で〝母語〝であって、〝母〈国〉語〝ではない。日本では、言語はそれほど、国家語されて疑われていない。統一言語としての日本語があまりにも徹底して、何の疑問も感じられないのだ。したがって、アイヌ語やハングルなどの存在は、まるでよその国の出来事のように考えられ、排他的に差別語化されており、さらにおもしろい現象は、方言と日本標準語との間の異質さに何の疑問も提示されないのだ。

ベトナムには、60以上のバナキュラーなエスニック言語が存在し、メキシコには１００をこえるそれが存在し、中国やインドに至っては、数え切れないほどのそれが存在している。先進国、日本では日本語、イギリスでは英語、スペインでは西語、ドイツでは独語、フランスでは仏語、イタリアでは伊語といったことが、少しも疑われない。かつて、バルセロナ・オリンピックがあったとき、スペイン語とバルセロナ語が、ほとんど似ているとしか外国人のわれわれには映らないのに、まったく異なる言語であるとして、同時にメディア上で語られた。スペインは、カスティーリャ語が、支配的な言語として知られているが、他のバナキュラー言語は、バスク語やバルセロナ語をはじめ、守られつづけている。ラテンアメリカを植民地下したため、世界で最大言語人口をもつ、スペイン語圏には、実にたくさんのバナキュラー言語が同時に存続しているのだ。

イリイチは、ネブリハによる言語文法化をもとに、スペイン語の母語化がはじまり、国家語への統一文法としてスペイン語=カスティーリャ語が、支配統治の場を占めていった歴史を明示し、バナキュラー言語と「母語=国家語」との対立の言語世界があることを示した。これは、各国でそれぞれ、こうした、統一文法の形成と国家語の形成の相互性が、国家秩序形成に関与しているのを明らかにせねばならぬ論点をだしたのである。

ラテンアメリカは、スペイン語とポルトガル語(ブラジル)、さらに、フランス語(ハイチ)を中心にした植民地言語化が、キリスト教化と同時にすすめられ、近代国家統一は、植民地言語を統一言語にしてくみたてられた。そして、各地域〈=場所〉でのバイリンガルな二番言語構造の社会問題が、とりあげられてきた。「スペイン語を話す者は、自分たちエスニックなインディオではない」というインデヘニスモさえ、登場してきた。ペルーでは、ケチュア語を話すことでの農民運動が浸透している。

ベトナムでは、ホーチミン社会主義政権下で、各地のエスニック言語の保証をどうするか、反植民地主義の見地からの自覚的とりくみがなされてきたが、うまくいっているとはいえない。

言語使用と生活文化の存続は、支配、抑圧の側であれ、解放、革命の側であれ、解決できない、根源的な問題として残されたままなのである。つまり、社会の実定化を前提にして、この問題には取り組めないという点が、現時点での本質的な問題であるということだ。国家語対バナキュラー言語という、イリイチ的な図式をもって、バナキュラー言語の存在根拠を主張しても、反国家という国家包摂の次元をこえる動きにはなりえない。

まず、新しい問題構成を設定していかねばならない。第一に、バナキュラー言語とは、場所の述語的言語であって、主語化=主体化される言語ではないため、いわゆる反国家や解放の実践（プラクラス）言語とはなりえない。これは、1960年代の革命運動／農民運動のなかで歴史的に表明されてきた。（とくに、〝土地か死か〟のスローガンのもと、ウーゴ・ブランコ指導下でのケチュア語の運動が、その最たるものといえよう。スペイン語／ポルトガル語そのものでの解放運動が可能であることは、パウロ・フレイレの識字教育運動の実例をみても明らかである）

第二に、国家語として統一文法化された言語でも、その言語使用は、非国家化の潜在力をもちえているという、言語が国家を超えるものである水準を理論的に位置づけなくてはならない。

そして、第三に、それと逆になるが、国境をこえて位置する帝国言語（とくに英語とスペイン語）が、帝国そのものをこえる非国家語として機能しうるということだ。

この三つの「国家の実定性」をこえる、バナキュラー言語からのベクトルと、世界言語からのベクトルとを、どのように、言語使用（ランガージュ）として考察するか、言語プラチックの理論が、くみたてられねばならない。

日本語を考えた場合、明らかに、万葉語や平安言語は、現代日本語と異なるのに、わたしたちは、「日本語／国文法」をもってつくりあげてなんの疑いももたないのは、暗黙の国語言語幻想がわたしたちの意味=感覚を領有しきっているからである。それは、同じ「文字」で表現されているから同じ言語といえるのか？という暗黙の前提が疑われていない。アルファベット文字で記された英語、仏語、独語等が違うように、言語使用は文字からは推断されえない。ただ、同じ日本という領土／土地で使用されてきたから同じ日本言語とくくれるのか？　そして、なぜ、今でも、東北弁、関西弁、博多弁、鹿児島弁など、方言をくくる場所性の次元が、バラバラのままで、方言は方言として存続しえて、それは、書き言葉化されえないのか？　日本語がハングルやアイヌ語と類似していて、なぜ、理論的／本質的に言語論的な対象化がなされないのか、それが、いきなりカタル語の世界へ、すっとんで、いかにも、日本語の起源であるかのような提言に入ってしまうのはなぜか？　日本ではいつ、統一文法が成立したのか？　こんなにも、曖昧な日本語とは一体何であるのか？

「バナキュラー言語」という視座は、こうした問題を提起してくれるが、どこにも解明の糸口をつけてはくれない。ただ、最近、ようやく、こうした視座に対応してくれる言語史的な考証が安田敏朗、イ・ヨンスクなどからなされている。それらを、ふまえて考察をすすめていきたい。

安田敏朗の研究から示唆されることは、国語がいかにさまざまな立場から政治的なパワー関係の網の目を形成してきたか、「国語」の恣意性＝専横性が、内的かつ外的に――言語内と言語外という場にくわえ国内と国外という場が重なるところに政治表出が生起する――構成されていく多様な様態である。そして、日本語が、英語やスペイン語とちがって、その世界性なり侵略性なりを、東亜圏ににおいて圏域化しえなかった現実も、逆にうきぼりにされてくるという、世界性ある視点からの考証になっていることだ。

英語の侵略性、仏語の侵略性、スペイン語の侵略性は、それぞれ一枚岩でないことは、各国の植民地化の問題として明らかにされていこうが、言語使用の固有の領域が政治／経済とからみながらも、B・アンダーソンのいうように、ある普遍の次元をもちえている難しさを、パワー関係論としてどう考えていったらよいか、そこに、国家の非国家化の政治的位置をつかみとっていくことが、場所政治の設計の要になることが、ローカル・マネーや場所交通とからんでいる。

これは、場面としていいかえると、植民地下において強制的におしつけられた日本語と、非植民地状態において自発的に身につけた日本語との間に、本質的な言語領有としての違いはないだろうという予想と、表出として言語技術上の違いはいかに発生するかという問題を、主体論的に処理してはならぬということでそこに、言語様式のパワー関係の問題がある。安田によって切り拓かれた日本語／国語の政治性の地平において、批判否定的な日本語／国語の世界はうきぼりにされてきているが、批判肯定的な言語のポジションはどこにありうるのか、言語を領有した人たちにしかかわりえない非資料的な言語世界／言語行為者の問題場といってもよい、それが、実際的な言語パワー関係であるからだ。

「近代につくられたものでしかない」認識とその実証は、何が問題とされ何が問題とされていないか、歴史的な還元論の根元的な問題があるように見られる。

たとえば、国語は、上田万年らをはじめとして近代につくられたものでしかないといったとき、中国語ともハングルともちがう日本語は、近代で国家語として統制されたことが正しいとしても、それ以前の、江戸の言語、中世、さらに古代の言語は、いったい何であるのか、国家の実定化や社会の実定化と言語との関係があるにしても、日本語／言語としての意味は、表出論的にありうる。

社会言語学的な観点と国文学への反省的な観点と表出史的な観点の〈ちがい〉は、何を示しているのか、一国家一国語一国文学という国家と文学とが結びついた〈日本語―国家語〉の問題をどのように、わたしたちは考えていったらよいのか、非常に、複雑な問題が存在している。国家／政治を、言語から考察することは、政治の問題としていかなる要があるのか整理しておくことだ。

第一に、近代国家を編制するうえで、日本語を国家語としてくみたてる必要があったことは事実である。

第二に、近代国家の成立以前に、日本語が日常のプラチック言語として機能し、文字表出を構成してきたことも事実である。

第三に、古代的な統一が、ある日本的な圏域の編制であったとすると、そこで言語がはたした役割はいかなるものであったのか、その統一の言語が、日常の生活言語とどのように関係しているのか。

この三つの、時代的な言語様式と政治との関係は、共通して言語使用の本質的な問題を構成していると同時に、政治の本質的な問題でもあることで、同じ問題構成から問われている。

〈国家語〉の問題の本質的な難しさは、民族語と国家語との連鎖において、日本語なら日本語としての系とハングルならハングルの系とが中国語の系といかに、類似的な要素や関係性が示唆されようと、日本語は日本語でありハングルはハングルであり中国語は中国語（北京語と上海語等のちがいをこえた系として）であるという、相互のちがいは国家形成の本質的な要素となっているということにある。同じように、アイヌ語は日本語／日本国家語とならず、アイヌ国家ともなりえなかった。つまり、国家語になりえた固有の系と国家語になりえなかった固有の系とがあり、ここに、国家語と場所言語との非連鎖が、国家語と民族語との連鎖と、等価の位置で存在していることを、どうとらえるか、という問題が根深くよこたわっている。

(b)　正統語／公式語／共通語／標準語と言語コード

ピエール・ブルデューは、フランス語のなかにおけるラング・ドッグとラング・シャとの対立から、フランス語の言語交換エコノミーを社会統制的にとりあげて、明示した。

それは、異なるバナキュラー言語（というくくりをブルデューはしてないが、「バナキュラー言語」の位置に照応する）のなかから、公式文書の共通性がとりだされ（裁判記録、役所の文書）、正統なる言語が、共通語の形式とともに、選択、形成されていく。そして、標準語や統一国家言語を射程にいれて確定される。それに携わるのが、文法学者／文学者／教師の三位一体で、彼らの言語使用の規制化が、言語交換上の市場を画一化していくという、社会形成上の言語交換市場を明らかにした。

これは、社会分析としては、十分に活用しうる方法といえる。抽象的な言語（ラング）共同体を前提にして、言語をとらえる言語学者への痛烈な批判となりえている。

しかし、ブルデューの言語交換エコノミーは、所詮、言語使用の外在性の諸条件を明らかにしただけで、こうした言語が領有されていく本来のあり方を示したわけではない。

バジル・バーンステインとパウロ・フレイレは、言語コードの視点から、言語がコード化され各個人の身体へ領有されていくあり方を示した。

バーンステインは、英語の領有に、階級上の違いがあり、言語コードの領有と階級化との関係を示し、同じ言語でも、言語コードが、「精緻コード」と「制限コード」とで違っている点を示す。それは、言語プラチックが、正統語や標準語という外在的な言語社会学化とは別の次元で作用しているのを示している。

また、パウロ・フレイレは、話し言葉とスペイン語を領有している者たちが、字の読み書きを領有するときの言語コードによって、抑圧された意識の状態にもなり、また解放された意識化の状態にもなりうることを示し、言語コードと社会諸状況との関連が、コード化されうるものであるのを示した。これは、バナキュラー的言語プラチックをこえた話し言葉と書き言葉の差異において、意識化の次元が、コード化として働いている事を示した。

この二つの実際的な言語コード領有の対象化は、言語プラチックを考えるうえで見逃せない。

共通語／標準語／国家語は基本的に言語コードが支配的意識たる共同幻想に一致するように文法的に構成されるということは確かであるが、言語コード化の領有過程において、非国家化のコード化をなしうる可能性があるということが、言語プラチックとしては重要な意味をもつ。

(c)学校教師／文法学者／文学者による言語権力

言語が、場所的な述語性を領有している方言／バナキュラー言語の獲得には身近な人間と場所の環境があれば十分であり、生活慣習に密着した言語領有がなされる。それに反して、国家言語は、生活とは別の教育場なり、獲得ツールをもってなされる、書き言葉化された言語的な「所有」を言語取得で要される。

かつて、吉本隆明は、つづり方教室の運動が、話し言葉と書き言葉の間の千里のへだたりを忘れたもので、書き言葉化されたつづり方運動が、何ら生活存在の表現につながるものではないと指摘したように、本質的に、異なる言語技術であるのだ。

書き言葉化された国家言語の領有には、それを未取得者に媒介する、三つの代理行為者が要された。学校教師と文法学者と文学者である。

学校教師は、いうまでもなく、教育権威をもって、正統な真理たる言語を、子供たちに主体的に習得＝所有させるべく、学校時間に拘束し、段階的なカリキュラムを通じて、資格づけを成果に、それを実施する。国家言語は、国家のイデオロギー装置／再生産装置たる学校システムなしには、存在しえない。

また、文法学者は、恣意的な言語使用のなかから、言語構造を抽出し、普遍的な真理体系として、統一的な唯一の文法体系をつくりだし、その規準にそぐわないものを非正統な言語として排除する。文法学者のパラドグスは、言語を、もっとも、非社会化することによって、国家秩序を支える社会言語をつくりだすことだ。この詐述には、真理生産の高度な技術が要されるため、いわゆる文法学者の創造的な存在はきわめて稀であり、かつ、文法体系は科学として匿名化される。

吉本隆明の言語表出論は、言語（ラング）の構造へ抽象化された国家言語化に対して、個々人の言語表出の意味・価値と表出史の変遷とを描き、言語の非共同幻想化をはかりえている、世界でも卓抜した言語理論である。わたしたちは、この言語表出から、国家言語を非国家化しうる言語表出と政治権力との関係をつかみとることがもとめられる。国語文法体系の解体は、そのひとつの課題であったが、吉本隆明によって、それは実施された。問題は、第三の agent である文学者の存在である。

いったい、文学者は、文学表現という個々の創造行為をいかなる国家的拘束もされずになしえている存在とみなされているが、国家と対立した出来事が、性表現をめぐるわいせつの問題であり、また、事件と化したものとして、天皇制批判につながる、深沢七郎の『風流夢譚』、大江健三郎の『政治少年死す』など発禁となっている書である。この出来事、事件は、文学者が国家秩序の枠内で文字表現をしているにとどまることを強制されているのを社会的には意味する。極端な表現という逸脱の問題ではない。社会本質的に、文学者の文化表現は、国家言語秩序を守るものとしてしか、機能していない、出版流通の分配＝政治の最前線に規制されているのだ。

共同幻想の枠と対幻想における性表現の枠とは、暗黙のうちに国家秩序の言語枠に規制されている。他方で、いくつものエロ本やわいせつ本が産出されているのにもかかわらず、「高度な」文学表現の次元で、それがチェック、検閲されるのは、国家言語を担う文学者の社会存在としての普及度が問われているからである。エロ本の邦訳では自主規制がなされているにすぎない。エロ本／わいせつ本の匿名性にたいして純文学の明名性が社会的な力をもつとみなされている根拠は、言語交換のエコノミーが、いわゆる一般的なエコノミーと逆立した構成をもっているのを示している。

以上、学校教師／文法学者／文学者の三位一体が、それぞれの領野で、言語権威と言語の理論的な意味、そして美的価値をにない、正統な言語域を定めて、暗黙の権力関係を日々の暮らしのなかで作用させている。「本を読まない」という存在の力を感じるのは、とくに、いわゆる低開発域の人々の政治感覚の鋭さとして体験される。先進国で、「本を読む」正統性の権力関係内に包摂された大学生の政治感覚の弱体化に比べて、その差ははげしい。

しかし、「本を読む」ことで、国家秩序をくつがえす、政治的意味を表出しうる存在になりうるのも、また、他方での事実である。これを、言語の中立性、両義性などといってすませてはなるまい。

(d)　情報言語の意味

情報言語は記号化された言語であるという規定性は、言語本質を見逃す。いったい、情報言語とは、情報文字と言語表出との間で、言語技術をどのようにかえているのか、考察される必要がある。

コンピュータのソフト内で、使用されている言語表現は、ほとんど意味がつかみにくいのも、言語技術のあり方がまったくかわっているからで、言語上の説明を読んでしたがわずとも、コンピュータを使用しうる技術上の動きが明らかに出現している。これは、情報技術が、言語の存在意味をかえてしまっているのを意味する。何の価値を生み出す必要もなく、意味の連鎖のなかで、新しい言語技術の指示性が多元化されていったのだ。

言語は、文字として記号化され、社会的な使用に入ったとき、「記憶」と「テクスト」と「自我」と「翻訳」と「物語」なる表現世界を構成することを、イリイチたちは、民衆知の出現において示した。いわゆる〝リテラシー literacy〟の世俗化された出現であるが、このリテラシーが、読み書きへ、民衆知を拘束・抑圧するとともに、このリテラシーにおける諸関係の解体危機に直面している電子メディアのビット文字を、逆説的であるがクリティカルにみていかざるをえない、というのが『ABC』の論点である。

この反転する思考の奇妙さとは何か？　リテラシーという言語上の社会技術の問題なのか、電子メディア文字の新しい言語技術上の問題なのか、はっきりしない。ただ、いえることは、

(1)主体が構成されること

(2)統一性が文脈や物語性において表現されること。

(3)内容が言語間で一義的に対応しうるということ。

こういった、ある意味では、近代において構造化されていく言語技術が、12世紀にすでに設定されていたという考察である。リテラシーは、かかる内容を構造化していくものである。そして、電子メディアは、かかる言語技術を解体・拡散していく。そのとき、情報言語は、いかなる特性と限界と可能性をもっているのか、それが問いかえされることであるのだ。

すでに、言語間のちがいは、言語ツール上解消されて、アルファベットに零度化されている。英語、フランス語、スペイン語、ドイツ語など先進諸国のバナキュラー／国家語が、そこからつくりだされるだけでなく、日本語のひらがな、かたかな、漢字でさえ、アルファベットから変換されうる。これは、〝a、b、c〃というアルファベット化の意味を、まったく記号／情報文字へとかえ、情報言語技術の次元をきりひらいているからだ。

つまり、情報言語技術は、「文字の構成」が文化的な言語表出域を構成する言語空間を、完全に無化してしまったということだ。ただ非表出的な文字の連鎖が意味の連鎖そのものをも、非表出的な次元へ並列させてしまった。キイをたたいて、わけのわからない文字の連鎖になることとある意味の連鎖がつくられることとの間に、ちがいをなくさせてしまう言語技術が、0と1の二進法のくみたてにおいて組織化された世界が、日常のあらゆる領域へ入りこんできたということである。リテラシーが意味をもたない世界が、構築されてしまったともいえる。

意味の指示表出性が、完全に、記号的に開かれてしまったことによって、価値の自己表出性はいかなる変

化をこうむっているのか。ここに、e-mail の交換コミュニケーションが開かれている。電話による直接の、声と声のコミュニケーションにかわって、携帯電話をつかった文字のコミュニケーションがはじまった。それは、最初は25文字という限定され空間でなされたが、２５０字、そして、コンピュータにおいて無制限へと進展していくにつれ、自己表出度はさがっていった経験を、実際にかかわった者は感じているはずだ。

　25文字の限られた空間で、手紙でもない電話でもない、きわめて自己表出度の高い、気持ちが文脈にあらわれてくるメールが、行き来した。ハート記号や、おこった顔、笑った顔など、絵文字入りの表現が、一見、自己表出度を高めたが、すぐ、指示性へと拡散されてしまった。つまり、制限がなくなった瞬間に、自己表出度は急速にさがり、指示性が意味を無意味化するように拡散されていく。この変容は、急速にすすんだ。

(e)　零度の言語技術

言語の社会的使用は、社会空間秩序の形成に規制されて国家的に構成される。このとき、法的／行政的な言語とは異なる次元で、言語交換市場が、学校教育を媒介にして形成され、それが、諸個人の社会的な位置を決定づけていく。つまり、学歴資本と言語資本との相互性がくみたてられる言語構成の域が存在する。

　また、出身階級の環境に応じて、コード化された内容が異なり、これが、学校教育における言語所有の差別性をうみだすが、「消費の社会」への発展のなかで、メディア言語の媒介が、かつての出版言語以上に、諸個人の言語使用を一般化していく。日本のように、一言語所有というスタイルの方が特殊である。第一に、現代的意味でのバナキュラーな言語の存在があり、第二にテレビ・メディアによる多言語放送が世界化しているよう、多言語変換の方が一般化している。情報言語は、場所のバナキュラー言語と地球の国際多言語との間で、ビット文字による言語交換市場を零度の社会性――つまり「社会の非実定性」の次元で、切り拓きつつある。

　情報交換は、文字＝記号の交換になるが、情報生成言語は、いまや国家語となってしまったかつての歴史的バナキュラー言語が、バナキュラーな次元で相互変容―いりまじりあいながら、新しい言語空間をつくりだしていくように思われる。つまり、国家語化されたベクトルが非国家語化され、もともとのバナキュラーな存在が言語表出しはじめていくということだ。この表出度が構成されてきたとき、「高度情報主義国家」は解体していくよう思われる。

記憶、自我、テクスト、物語、こうした12世紀の〝アルファベット化〟と〝リテラシー〟が、民衆知のなかでよみがえってくる情報生成言語の次元が、「対のコミュニケーション」を基軸に、さらに、場所の文化知の界の規制下で、いかに創出されていくかが、決め手になってくるよう思われる。

現在のコンピュータ・システムは、そこまで、言語技術を開放しえていない。いわゆる文字バケという不可避的な表出が、まだ、国際間のなかで、国家言語の規制秩序下を守っていることに対応して、停滞している。しかし、言語技術は、歴史的バナキュラー言語の次元で、これを解消していく――日本語文字とアルファベット文字が互換しえているように――であろうが、現在的なバナキュラー言語の次元で、それがなされるには限界があるよう思われる。というのは、表出度の基盤が、まったくちがうと考えざるをえないからだ。

言語の社会使用の零度のあるもの、つまり、言語使用が社会の非実定化へむかうパワー関係にあるもの、それが、言語＝信仰の前古代的プラチックの次元であると想定される。折口信夫は、日本語・国文学の発生を考察していくなかで、この次元に、たどりついていたように思われるのだ。

整理しておこう。

歴史的構成（時間的）と社会的な構成（空間的）との相互性を、つぎのように考えておきたい。

バナキュラー言語が国家語に形成された〈近代国家〉という歴史的な構成が、ナショナリズム／ナショナリティと関係しながらなされた。そこでは、「リテラシー」という読み書き能力をもったコード化と社会使用とが、言語技術の次元を切り拓き、かつ、場所のバナキュラーな民衆知の〈話しことば〉とは対立する言

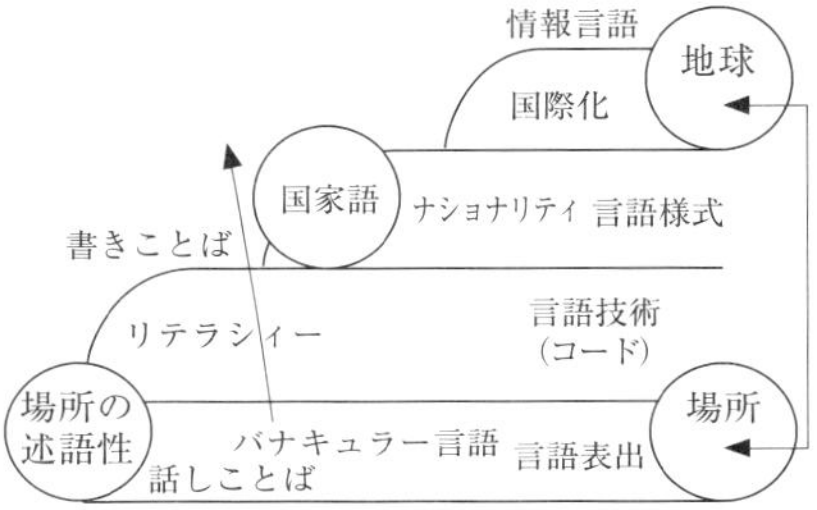

語様式を、社会的に表出していった。学校システムは、この読み書き能力のコード化の言語技術の次元と、ナショナルな国家語の言語様式の次元とを、《標準語／国文法》をもって構成する。

　歴史的バナキュラー言語は、リテラシーとナショナリティの双方から《世俗国家》の国家語へと形成されていく。

　他方、リテラシー化されなかった、場所的なバナキュラー言語は、国家語とはまったく異なる存在として社会化されず、場所における話しことばのまま、〈場所〉にのこりつづける（非実定化のパワー）。

　さらに、植民地化／国際化のなかで、国家語となったいくつかの言語は、圏域的言語として国家をこえて拡大していく。ラテンアメリカのスペイン語、フランス植民地下のフランス語、植民地にくわえ経済拡大とともにひろがった英語、さらに、ロシア語や中国語（北京語）、スペイン語内のカスティーリャ語、等、言語の社会構成は、各国の場所性の多様性とともに複雑に生成している。

　ここから、コンピュータのビット文字を情報科学技術として《新しい言語技術》は、これまでのリテラシーの言語技術とナショナルな言語様式との、社会構成／歴史構成を根源からくみかえていく、情報生成の次元を切り拓きつつある。

　ここでおきている、社会歴史的な問題点は、かつて、ある世俗語／バナキュラー言語が国家語化していくときに生じたプロセスと逆のベクトルとして、場所言語が再生していく過程と、国際間の言語交通が、国家語を非国家語化する言語技術をつくりだしていく過程とで、まったく異なる言語表出世界をつくりだしていくように思われる。そして、ここから先は、設計学的なテーマといえる。

言語をコミュニケーションを含んだ社会交通の手段とするスターリン言語学の次元を、吉本隆明はたちきったとき、社会的に評価される言語芸術の基準・裁定をたちきった。これは、芸術／文学を評価するうえで、あるいは、言語の意味・価値を社会へ還元させない点で、きわめて重要な言語論の本質規準である。しかし、言語は、社会的に使用される。この言語の社会的使用は、言語技術を規制し言語様式を固定化する。言語の社会表出といえる次元で〈社会〉が実定化され、その実定構造内で、言語交換は言語コミュニケーションとして社会的に働く。この次元を、いかに批判的に考察するかというレベルは、言語使用上、かなり根本的な問題として構成されてしかるべきである。

吉本の言語表出論をふまえて、スターリン言語学とは異なる社会言語学上の理論的な問題地平をクリアにしたい。その境界に、バフチンの言語理論が位置づく。バフチンは、対話形式や言語芸術をともに対象にすえた言語理論を展開しているが、言語使用の理論としては、言語表出と言語様式と言語技術をふまえている考察として再考しうる。バフチン言語理論の生産的な解体構築が要される。

わたしたちは、言語構成／言語技術のさらに根源にある、言語＝信仰プラチックの前古代的なあり方をさぐって考察をくわえることで、高度さの先に出現するであろう非国家化のあり方を展望できると思われる。

3、海と国家と言語信仰

国家論が、社会の実定化を前提にして成立しているとき、陸の上の国家が、地勢的な想像生産として前提にされている。日本の国家の単一性を学問的には東と西へ分立させ、天皇制的統一国家を解体させるべく時間的には南北朝を設定する、哲学的野心にまみれた網野善彦史学―イデオロギー性として充分「史学」という真理生産をなしえている―が、「海」をもって、さらに日本国家を相対化するには根拠がある。地勢的に、海は、国家を境界づけるだけではなく、〈非境界化〉する作用をもたらすからだ。中国の貨幣が九州、四国の圏域に流通していたと実証する方法などは、国家マネーをこえる貨幣流通を示せば、天皇制国家が非国家化されるかのような錯覚であるが、史的現実は、そのようでもあったし、そのようでもなかったといいうるくらい、別の力で動いていることは、自分の足元を考えてみれば容易に理解しうることだが、この歴史家には、ヘーゲル的な哲学野心が歴史対象へ蔓延しているため、自覚がなくなっている。

本質的に重要な事は、共同幻想が天上からやってくるか、海の地平からやってくるかによる、共同幻想秩序の違いを明らかにすることだ。折口信夫はこの点に、極めて敏感であったのも、天皇制を解体さえしてしまう幻想表出と幻想プラチックの存在に気づいていたためであろう。前古代的な心性プラチックをよく知る折口学のなかに、非国家化のヒントは山のように潜在している。さらに、共同幻想の秩序が、言語と信仰との相互的構成にあることを、折口学は、暗黙かつ明白に語っている。それを読みとき、〈高度〉さが、前古代的な心性世界に拓かれていくのを領有することだ。

(a)「海の国家」と「陸の国家」

〈陸〉の想像的生産は、国家の内的な構造化を実体化し、陸の外を国外＝外部として排他的に設定し、国内外の双方から国家化の秩序を想像界でくみたてるが、〈海〉の想像的生産は、常に〈外〉が世界性へと開いていて、国家の実体を相対化する想像界からくみたっている。島からなる〈日本〉を考える視座の要といえよう。

「商品の国家」は「陸の国家」であるが、「情報の国家」は「海の国家」へのベクトルをもっているのに、情報を陸の国家化へおしこもうとする秩序化が働いているのが、高度情報主義〈国家〉の歴史的特徴であるといえる。だが、海の国家という非国家的国家という矛盾律が、情報世界の本来のあり方であり、前古代信仰の情報的な想像生産はそのようなものとして作用していた。そして、〈海の国家〉は、〈資本の国家〉として非境界的に開かれていると考えられるのである。

「陸＝商品」「海＝資本」という相反的な問題設定は、国家と非国家とを《境界》の問題として設定することを意味する。実態的な設定でなく、あくまでも想像生産としての理論的なプロブレマティークである。つまり、「陸＝資本」「海＝商品」となる相互変容もありうるのであって、吉本隆明の南島論と天皇制論との相反的な問題設定は、そのように了解しうる可能性をもっているととらえることだ。

「陸の国家」は、言語をできるかぎり信仰から切り離し、言語交換の物流的な世界へおりこんでいくが、「海の国家」は、言語と信仰が切り離しえない言語表出の情報流世界をもちえている。言語が交換エコノミーへ接続されるか、言語が情報の心的表出へ接続されるか、このちがいは、前言語的な心的表出のきわめて重要な問題で、吉本隆明は、三木成夫をもって、胎内における心的表出をとらえようとした。生態学誌から〈言語—国家〉をとらえるとき、海から陸への生命的生存の存立が古代的に構成するものを了解しようとすることになる。

縄文的空間は、水辺の生活空間として、海や川の周縁に、その場を設定していくが、弥生的生活空間は、水田という実態的な場へ陸化されていく。中世は、水の国家として、鴨川の水のように、都市内に水を引いて、境と実態との非分離を空間演出していくが、武士社会になると、軍事としての掘割の水が、生態系の保存とともになされつつ、境界づけとしての分離の水の使用となる。戦闘期の河川は、軍事的に直線化されたりする（松本市内を流れる女鳥羽川の武田家による直線化とそこから網の目のように市内にはりめぐらされた水路）。安定期は、新田開発をかねて堤防がつくられ、生活圏と水との区分／分離がシステム化される。

明治期以降、陸の側から水の制圧がはじまる。その主要なものが工業用水であった。

戦後は、ダム建設が水を制圧し、生態系などかえてしまい、河は護岸工事でまっすぐにされ、海も埋めたてられ、陸と水との分離は徹底してすすめられる。水道水の普及率が50パーセントをこえたとき、高度産業社会へのスタートがはじまっている。井戸の水にかわって、便利な水道への水が家の中に入りこみ、水は室内化される。

これらの結果、汚染が広がり、地下水はよごれ、海も川も、もはや自然を浄化する力をなくし、ひたすら汚れ死んでいく。都市では川の上に高速道路がつくられ、田舎ではかつて泳いでいた川は完全に生活圏から分離され近づけないものとなっていく。水と H_2O は、完全に別のものとなって、生きた水の場所はひたすら消えていく。

逆に、柳川のように、水を生活圏内に流れるものとして守ってきたあり方が見直され、水のリカバリーが少しずつ叫ばれていく。

きわめてラフに、水の想像生産の変化のあり方を眺望してきたが、アメリカ合衆国のボストンのように、かつては、水ぎわを石で固め、分離したあり方をもういちど見直し、水ぎわと生活との非分離を再建設し、高速道路をいちど都市の外部へまわして、街中へ入るようにするという、都市設計のあり方が見直されている。

東京の銀座でも、〈水〉を埋めてしまったことの反省をふまえて、水をとり戻したいという銀座通り連合会の意思表明がある。

「陸の国家」とは、陸の側から海や河を眺めている視線で、基本的に、「水」を侵略し制圧する国家である。その窮極が、ダム建設であった。電力を、社会的に平等に配分するという名目と水害をなくすという名目で、河をせきとめ、谷間の集落を消滅させ、大ダムを建設する。それにより、河のみならず河の周辺の生態系も破壊された。この陸の国家は、さらに以前、河をとりかこむように、堤防を設計、新田開発をすすめた国家であり、現代では、河を直線的につくり直してしまった国家でもある。

水の生活圏からの分離は、〈社会〉をつくりだすうえでの土台であったといえる。社会の実定化とは、水の制圧と分離であった。水を街中に残している場には、社会よりも〈場所〉性が実定化されて、景観が美しい。ヴェネチア、ジュネーブ、アムステルダム、プラハ等、場所景観が、社会の実定化よりも大事にされている都市だ。

「海の国家」とは、水の側から陸をみる視線の国家で、つねに、水を基礎にして、水系を殺さず生かしめるように、社会環境を設計する。かつての「溜池」の治水はその典型であったといえる。オランダでは、何度洪水にあおうと、水面と陸の面とが同水位である景観を守りつづけている。水の都市からヴェネチアは、洪水のとき用に、長い渡り板をつねに用意してある。浸水を防げる施設をつくるのでなく、浸水したときにも歩ける工夫を守りつづけるのだ。「海の国家」とは象徴的な表現で《水の国家》といいかえてもよい。内陸だけの国家でも、河や湖という〈水〉から国形成を考え直すということだ。

水の側から陸をせめこむという事態は、実際には洪水や津波という自然災害としてしかイメージされない。それを見込んで、ダムの水の底に村／自然を埋めるという陸の側から征服へ、それは転じられる。

陸の側からは、つねに、「人間のため」と称して、水をせめこみ、水を陸が埋めるか、排除してしまう。都市的な先行例が埋めたて地による都市化拡張である。

(b) まれびと信仰と共同幻想

まれびと信仰は、言語がやってくる関係と対応して、信仰プラチックと言語プラチックの関係をよく示している。

バンヴェニストは、インド・ヨーロッパ言語と信仰プラチックとの関係をつかんだ稀有な言語学者であった。また吉本隆明は、言語表出と信仰・神話の幻想表出との関係から、言語との水準をつかんでいる。言語プラチックは実際的には信仰プラチックの表現であるといっても過言ではない本質性の次元をもっている。

つまり、国家言語とは千里のへだたりをもちながら、しかし、国家言語と言語表出プラチックは、とくに文字体系の支配として出現する国語と言語使用との直接性をもちえている。古代言語／古代信仰を知ることは、古代国家を知ることにもなるよう言語／信仰の秩序は、共同幻想秩序と密接につながっているのだ。中国では王朝が変わるたびに漢字の文字体系全体がくみかえられた事を白川静は論じた。

〈信仰〉とは言語化されない領域を内在していると同時に、言語表出の原初的な場に位置づいている。いうまでもなく祈禱・呪詞は、その典型であり、祈りのことば、言語表出として体成されたものが、お経であり、言語化された言語＝信仰でなく、である。だが、宗教言語化された言語＝信仰でなく、民間信仰レベルでの、日常的信仰の次元での言語／非言語の意味を、国家との関連で考えることが高度情報主義国家をこえる非国家化のイメージへとつながっていく。

呪詞の宇宙は、非国家的な界であり、想像界である。象徴統御されえていない、神と人との想像空間／想像表出となっている。民族的に、坪井洋文は、そこに、二つの宇宙原理を見いだした。オオミタカラの文化圏と「クニブリ」「クニワザ」の文化圏である。五穀が対等の位置にある想像界と、稲の象徴統御がなされた想像界＝象徴界とのちがいである。神が一元化されていくとき、食物の象徴支配的な一元化がすすむ。日本は稲の一元化であるが、メキシコではとうもろこしの一元化である。〈主食〉と称される「国家的な食」の統御は、古代国家→近代国家の食的な象徴支配を表出する。「日本酒」は、国家的な酒であって原料としての稲の生産場が特定できないが、「焼酒」は場所的な酒に近い。

〈高度さ〉とは、食の多元化が、主食の一元支配を非実定化していくことにある。吉本隆明は、日本におけるパン食の普及は天皇稲作一元の非実定化を自然過程的にまねくであろうとのべていることは、この点に対応する。食をめぐる儀式の国家儀礼化が、天皇の新嘗祭および大嘗祭である。食と性が、神と人との結合として儀式化される。象徴統御の食＝性と、多元的な想像界での食／性は、設計原理が根本的に異なる。キリスト教は、性を、合法的な婚姻下での生殖のための行為として一元的に閉じていく。キリスト教は、個人化の次元まで、告白の自己技術を通じてそれを徹底させたが、アジア的な宗教は、民衆次元に手をふれないまま象徴界での儀式化として一元化していく。

A・L・アウスティンは、前アステカの秩序とケツアコアトルに一元化されたアステカ王国の秩序とでは、前者が多元的な共同体／神の存在を対等的に認めあっていたのに、後者では一元的に統御されるということを、とき明した。生と死が半身的に共存する神から生と死を区別した一身的な神への転化ともとらえている。

征服信仰において征服される側の諸々の出来事が、前古代的なプラチックであり、それは、高度さによって開放されていくプラチックを暗示する。スサノヲの命や山彦、海彦、そして大国主命の信仰などは、それを語る。神武東征の底にひそんでいるものの存在は、民俗プラチックの存在であり、山人や海民の生活プラチックとして残存する。大林太良はかかる神話プラチックをいくつか列挙している。

漁人の椎《しい》根《ね》津《つ》彦《ひこ》、山民の弟猾（おとうかし）、飛騨国の宿儺《すくな》、等である。ニニギノミコトとその妻コノハナノサクヤヒメの間に、山幸彦と海幸彦がうまれるという話は、天・海・山の三つの宇宙の接触である。

古代国家＝近代国家は農耕の陸を中央にして、海民と山人を排除する。前古代的＝先進的な秩序は、天・海・山の三宇宙が共存する想像界である。

折口信夫は、「まれびと信仰」としてこの古代的な編制の底に、非国家的な神＝客＝まれびとのプラチックを読みとったといえる。安彦良和は『ナムジ』『神武』の漫画をもって見事に『古事記』の世界を理解し直し想像表出した。

(c) 村の境界と海の境界

共同幻想は、場所的な限界をもっているとき、同時に別の場所の共同幻想との〈境界〉をもつ。そこに、交通の印が、物流／異人において、他界的に設定される。わけのわからない別の言葉をもつ異人が境界の向こう側にいると想定され、それは、死の他界と結びつき、妖怪やお化けとなって出現したり、子供の誘拐となって出現したりする。村の境界をこえて、巡礼などが、異地の情報をもたらしたりすることを、柳田国男は示しているが、〈境界〉の向こう側は、別の情報源として設定されてもいるのだ。そのとき、暗黙裡に「海」が想定されていることを見落としてはなるまい。この「海」的な想像生産が断ち切られて、陸路としてつながっていると設定されたとき、場所の述語性は、陸上国家の画一性へとベクトルのむきをかえられている。こうして、理論的なイマジネーションは、前古代的なイマジネーションをはたらかせるということでしか、くみたてられえない。実証的にはとらえられない心的な〈境界〉の世界があるのだ。

(d) 南島論と天皇制国家論

こうした民俗上の非国家的な考証の仕方に対して、吉本隆明は、南島の儀礼・儀式が、天皇制の儀礼・儀式と異なることをもって、天皇制国家を非国家化しうる視座から南島論を明らかにした。また、坪井洋文は、稲作一元の柳田国男のイネとモチ正月の国家論に対して、〝イモ正月〟を具体例にしながら、イネが他の穀物（雑穀とくくられている）と同列でしかない構成をもって、天皇制稲作一元国家に対応しうる多元的国家の存在を示した。メキシコのアルフレド・ロペス・アウスティンは古代アステカ国家のもとでのさまざまな社会プラチックが、前古代のカルプリの秩序原理とは異なる事を示し、非国家的な現在のチアパスの農民運動の本質的な存在根拠を明らかにした。

こうした〈前古代プラチック〉は、非国家化の存在根拠を照射するもので、非国家化の問題意識がなくてはみえてこない実証的＝理論的思考である。

南島論で吉本は、言語と信仰の儀礼行為が天皇制のそれとちがっていることをみせることで、何をしようとしているのか。それは《海》の側から、陸の支配の普遍化を無化しようとしている思想営為であるということだ。琉球、沖縄をそう呼ばず《南島》としたとき、陸でなく海にうかぶ島を想像設定している。天皇支配の儀礼は、この海的な世界を徹底して排除すべく、稲をめぐる陸の耕作へ儀礼焦点をしぼりこんでいく。また、民間伝承の田植をめぐる儀礼・儀式で、田んぼのうえに舟をうかべて、海の信仰を表出するあり方は、潜在的に非天皇制国家の場所プラチックの表現であると理解しうる。海そして海につながる河／川は、〈水〉の信仰世界であるが、それは陸の田んぼの〈水〉とは本質的に異なるのである。バリの信仰体系は、海に悪魔がいると想定するが、それを排除はしない。田んぼの神と海の悪魔との共存を信仰構成することにより、陸の水分配の不平等性におりあいと調整をつけようとするのだ。僧侶がその水の分配の原理を運行させる。こうした《海》を設定した論理からは、支配統治のおしつけの国家秩序はとられない。

民俗学は、エンピリカルな素材を使いつつも、その実際は、想像的生産の産物／テクストである。

柳田国男の山人論／「海上の道」論は、天皇制国家の単一国家（稲作一元国家）を正統化するために使われたにすぎず、山人の域も平野＝稲作を補完するものであり、海上を流れきたる「物」も陸上＝単一国家へよびよせられるものでしかない。柳田の想像的生産は、単一国家秩序の体制を強化するもので、その方言論も周圏言語として国家語へ統合された言語視座で一貫している。

他方、折口信夫の海上からのまれびと／神の論理は、水平線へ開かれた想像的生産であり、男ならざる「妣の国」の前古代的心象に、その根源をさぐる。『万葉集』から『源氏物語』への国文学の考察は、江戸文化を退化、後退ととらえ、「色好み」の本来的な意味を知っていたなら大東亜戦争をおこさなかったであろうとまで、想像的生産を働かせている。言語伝承論は、近代の国家言語化されえない、言語／信仰の前古代的心性プラチックを語ってあまりある。

両者の間で、岡正雄は、異人論をもって、天皇制国家にも、前古代にも拘束されない〈異なる〉境界の実在性をとらえようとする想像的生産を、民族国家をこえる国際的イマジネーションの次元に働かせた民俗学者であった。

岡田荘司や藤井貞和といった人たちが強調しているところであるが、折口信夫が、まれびと論から天孫降臨論へ転じてしまったところに、天皇制国家を正統化する近代／戦争の国家論理が入ってしまった。

天皇が、稲をもって降りたったという、『古事記』にも『日本書紀』にもない論述がとられてしまったこと。また、鎮魂祭と新嘗祭が合体されてしまったこと、などがあげられている。神話の解釈をめぐって、神話と民俗とが合体される〈意図〉に、国家論的な観点が導入され、天皇制を普遍化する＝起源化する論述がつくりだされるというのだ。

わたしたちがとまどうのは、いったい、このような、天皇が稲を天からもたらしたとか、大嘗祭や新嘗祭を天皇がいとなむ儀式がどうだとかいう真偽をめぐる議論がどうなろうと、天皇を共同幻想化する民衆の幻想は無化されえないであろうということだ。藤井がいうように学者の「もらる」責任というものが問われるぐらいで、専門言説の〝良心〟の域をでるものでない、という臨界点をどうすることもできない。解釈にともなう解析側にひそみこむ、「観察者の観点／意図」が、必ず存在／介在してしまうというラカプラが指摘していることがおきているにすぎない。つまり、ディスクール総体の存在の問題と、ディスクールを解析する解釈者の問題とが、混同されている。

ただ、わたしたちが、どちらの見解をとろうと、日本の国家化をめぐる問題において、『稲』の存立をめぐるイマジネーション生産（想像生産）に、共同幻想＝国家の大きな位置があるらしいということと、そして、その真偽がどうとられようと、天皇制の共同幻想に国家化された民衆的プラチックをときほぐすことにはならないということの二つである。

『古事記』や『日本書紀』のたった一冊二冊の書で、すべてのものごとが決まってしまっているともいえるし、まったく決まっていないともいえる。その等価性は、『記紀』以前のものがなにもないという、日本のおそるべき事実にこそ呆然とするのみだ。

そして、金田一京助や藤井貞和が、国文学をきわめつつアイヌ語の世界にこだわりつづけたそこから見いだされてくる〝良心〟のみによる究明を信頼しながら、いま、考察をすすめるよりほかかない。柳田国男の稲作一元論／方言周圏論、そして、折口信夫の「大嘗祭の本儀」論をうたがいうる、坪井洋文の民俗研究や藤井貞和の国文学研究に、耳を傾け、《非国家化》の歴史的想像生産を、古事記より強くうちだせるかどうかである。

実証性をこえる想像生産力が、もっとも問われる〈場〉が、そこにある。

(e) 資本の言語、商品の言語
――言語表出資本へ――

言語を想像生産のレベルでとらえる試みを、前古代的な言語＝信仰プラチックと、古代的な言語＝宗教プラクシスというように、識別してとらえてきた。現在的にいいかえると、「資本としての言語」と「商品としての言語」という領有の仕方のちがいを思考技術において切り拓いてきた。乱暴な仮説的方法であるが、言語と国家を考察するさい、吉本隆明がひたすら〈古代→前古代〉のベクトルと〈幼児→胎児〉のベクトルをかさねて、本質的な思考を思想的に表出してきた根拠は、〈先進性〉を探るためであったと理解したとき、わたしたちは、それを理論プラチックとして適用しうる道へひきだしていきたいのである。

言語表出論には、G—W—G´の図式に対応する思考がかいまみられたが、これは、貨幣と商品の関係をめぐる〈資本〉の表出様式の考察であって、商品形態の考察ではない。ここを、わたし（たち）はつかみとれず、表出論が商品論と対応しているとみなしてきたのである。いま、これを「資本をめぐる表出論」であったと考え直したい。

商品としての言語は、価値をうみだし、〈交換〉されていく、《言語交換》の言語様式へ領有されてしまう。吉本の表出論は、それをきらったはずだ。そのとき、価値表出は、社会的なもの（交換）としてでなく、あくまで自己表出的なもの（創造）としてとらえようとする吉本の徹底した姿勢を、わたしたちは知っている。すると、それは、価値表出をこえて、「資本形成」になっていると考えたいものがある。ある文学作品が、文化資本となりえたとき、その文学は、さまざまな商品を産出することが可能となるだけでなく、自らの資本の存在を歴史の時空をこえて残しうるものとなる。通常、これは、文化財と理解されているが、『万葉集』や『源氏物語』など、明らかに、文学作品が《文化資本》となりえており、これは、国家語としての日本語の構造にありながらしかし、表出資本として、国家語の枠をこえる言語表出力をもちえている。かかる言語資本は、言語以前の信仰プラチックをもちえているゆえ、仏教や神道に所有されない慣習的信仰を領有表出しているのだ。わたしたちは、「初期歌謡論」において、ひたすら吉本が、資本の表出力、国家語化されない言語表出資本を探りつづけている、と理解したい。折口が、ひたすら前古代へとさかのぼっていったベクトルを、吉本はさらにすすめることで、逆に、現在の先へいく想像生産の可能域を切り拓いたのも、天皇制国家の無化を政治思想的に表出する態度をつらぬいたゆえのことだ。

フーコーが『言葉と物』を近代の構造枠をこえて追求し、さらに、快楽の自己技術をめぐって、ローマの古代国家以前のギリシアへと遡っていく、こうした思想力もまた、国家的な秩序の根源にある非国家的なパワー関係をさぐっていくものであった。

わたしたちは、「資本としての言語」または「言語表出資本」なる概念をもって、言語様式／言語技術の非国家的な場所言語／地球言語を、情報技術を媒介に、考想していくことだ。新しいディスクール生産／言語生産は、そこにかかってくると考えられる。

言語／信仰をめぐる考察は、ほとんど恣意的にしかなりえない。それほどに、不確定的でいて、しかし、実定的な世界である両義性を言語がもつが、言語／信仰をエンピリカルにとらえる民族学／民俗誌の客観化の仕方や、国文学者・歴史学者の外在的思考のもちこみという客観化の仕方（国文学・日本史とジェンダーetc.という問題のたて方、等）を客観化するところに、わたしは、「水＝資本」と「陸＝商品」の視座を介在させてみた。この恣意性をより緻密にするのは、さほど手を労す問題でなく、むしろ、これからの非国家化の場所政治の基軸に《水＝資本》の視座を領有することが要にあるのは確かであると思うのだ。

〈小　括〉

言語様式／言語技術／言語表出の、三つの次元にわたって、言語生産の歴史的構成／社会的構成／信仰的構成を扱ってきた。正直、この稿を書きはじめたとき、こうした領域の存在はまったく設定されていなかった。ただ、ベネディクト・アンダーソンの想像的共同体／ナショナリズムの考察がクリティカル・ポイントであり、イリイチのバナキュラー言語論とブルデューの言語交換論が批判的媒介となり、小熊英二、安田敏朗、イ・ヨンスクらの言語史的検証が刺激となり、これらに、折口信夫の言語論と吉本隆明の言語表出論とが、どのようにかさねられていくかから、言語と国家との本質的で社会的な表出の理論域が見いだされる、と踏んでいた。

これらの文献をもう一度読み直しつつ、自らの世界を歩いた小さな体験をかさねあわせ、どうしてもコンピュータ言語に慣れない自分を、バナキュラー心性として想像的に働かせながら、思考技術を切り拓いてきた。

吉本隆明の幻想表出と言語表出とをかさねるところに社会科学的な批判理論がくみたてられうると、かってから踏んでいたことにようやく踏みこめていけたといえる。前古代性と先進性との対応は、かなりまえから、問題意識としてあり、吉本さんもそこへ共鳴していてくれたこともあり、なんとか一歩近づけたように思われる。

バーンステインのコード論とパウロ・フレイレの非コード化論は、非常に役にたつ思考と実際の解明であって、それも、言語技術の次元で切り拓きえる位置が見つかった。

あとは、フーコーのパワー関係をかぶせて非国家化の道を切り拓いていけばよい。

他方、新しい設計原理の方向性も、見いだされているため、次の〈場所設計〉へと歩みをすすめていけよう。

理論的なまとめというより、述懐的になってしまうほど、この稿は格闘したため、問題設定だけでドラフトでは力尽きたとしかいいようがない。政治国家論としてまとめて発表するときに、全面的に書きかえて、ディスクール生産の次元を拓くつもりである。

第三節まとめ：表出生産とパワー関係

《高度》社会の実定化は、エコノミーとテクノロジーの存在形態が「情報技術エコノミー」として推進される「物質秩序／象徴秩序」の再編成をうながすなかで展開される。マネーの情報化が、国家マネーの非実定化を促進し、テクノロジーの情報化は、非国家的な情報科学製品の世界交通を促進し、総じて、非国家的な〈働き〉を加速している。国家は、自らの国家枠内での秩序化をすすめるため、韓国のようにインフラ情報システムを開放するとか、日本のようにそれはおさえて情報製品を多様化するか、いずれであれ、開放と統制の再調整を要されながら、国家のなかで非国家化がすすむとともに、国家自体は政治領域の再秩序化を考えていかざるをえない。

イデオロギーは、メッセージ化され、非イデオロギー的なイデオロギー、メッセージが日常生活を浸透し（アフガン戦争における反テロリズムのキャンペーンはその典型。NHKはまるでペンタゴン／アメリカのエージェントとしての発言、メッセージを徹底させた）、また諸制度は、巨大化した自らのシステムをできる限りフラグメンテーション化し、その存在を現象的には縮小させせながらサービス促進のコントロールを守りつづけ、政治組織による政治行動は商品スクランブルの自由度へ政治表現を転化し、自らの組織保存をはかっている（組合はその典型）。

社会の実定性の高度化は、前古代的な非国家的秩序としての〈場所の固有性〉を、再表出せざるをえなくなり、社会そのものの非実定化なしに、場所の再生がありえない諸条件が、環境／情報をさらにととのえつつある。

他方、社会の実定化／画一化をすすめてきた商品経済は頂点に達し、商品と対立する個的資本の存在が、最高のものを求める生活者一人一人の欲求を出現させ、資本の複相的構成が、場所ごとの差異化／差別化を生み出す動きを活性化してきている。

《場所》と《資本》は、環境／情報を〈媒介〉に、高度社会の非実定化の複相性を生かすべく、新たな政治経済の場を産出しはじめている。国家政治をこえる場所政治が、日本でもすでに、石原都知事、田中長野県知事、北川三重県知事らの、場所〈経済〉政治のレベルで、国家と対峙しながらいとなまれはじめているよう、新たな政治経済がたとえ新保守主義の相をもってであれ、端緒的ではあるが、切り拓かれている。こうした、兆候の、理論的根拠と新しい国家政治をこえる場所政治の理論プラチックを示した。

国家の実体を探っても国家の本性は見つからない。しかし、国家存在を無視して社会科学的な諸関係は、不十分な了解しかえられない。国家とは、本質的に共同幻想であることは、吉本隆明によって切り拓かれた。問題は、この共同幻想がいかにプラチックしているか、そこに社会表象のさまざまな種別性が生産様式化されてあり、想像的生産がなされていることが、本論の要である。共同幻想が見えなくなるような想像生産は、場所を社会空間化し、環境をモノ経済分配空間化している、〈社会―分配〉の政治権力関係をつくりだしている。社会空間を非実定化し、分配空間を非実定化することで、《場所－環境》が想像生産されるパワー関係をつくりだせる。これが、非権力のパワー関係である。パワー関係をなくすことはできない。パワー作用の仕方を、逆転させ、「国家秩序化される想像的生産」にかわって、「非国家化の想像生産」をはたらかせることだ。

つまり、パワー関係Aとパワー関係Bとが対立、共存する諸関係の作用が、パワー関係の網の目のなかにある。国家秩序化に働いている原理は「単一性 singularité」であり、非国家化に働いている原理は「多元性 multiplicité」である。

〈高度化〉の次元で、想像的生産は、〈情報と環境〉へひっぱられている。〈情報─環境〉のテンションを、どのように想像生産するかで、国家秩序化か非国家化かが競われる。前者は、環境を単一の経済生産場にしようとする。環境はあくまでも原料／素材を供給する場にあり、物流が分配空間化されるものでしかない。後者は、環境を場所化しようとする。場所ごとの環境の違いを生かし、分配空間を場所環境へと取り戻そうとするものだ。前者は、世界画一経済市場をめざす（グローバル化）が、後者は、地球環境化をめざす。正確には、自らのあしもとの場所＝環境を多元的に生命環境化することである。場所をなくす前者と、場所を生かす後者では、場所基準のとりくみが、まったく逆立する。

高度資本主義国家は、この場所化の必然の動きに対立すべく、高度情報主義国家化を目指して、情報の単一化支配をうちたてようとする。国家マネー秩序の存続が、環境の存続となる"sustainability"戦略が、マネーと環境をかねる戦略原理として働いたのは、偶然でも恣意性でもない、必然の論理であった。サステイナビリテイの設計原理は、高度資本主義国家が存続するために環境へのとりくみを不可欠に媒介＝必要とした高度情報主義国家化への方策であり、アメリカ合衆国の環境政策にそれはもっともよくあらわれている。京都議定書をアメリカは、絶対にうけいれないで、自然保護にはことのほか力をいれる政策をたてるのも、自然保護は、産業化から分離されて成立しうるからだ。

言語表出は、国家＝共同幻想の表出か、場所＝共同幻想の表出か、というパワー関係の対立を表出しうる。信仰表出としては垂直に神がやってくるか水平的に神＝まれびとがやってくるか、の想像生産＝表出のちがいとなる。この古代的なものと前古代的なものの分岐は、現在の先端性のパワー関係を決定づけるといえる。

〔結語〕

(a)　三つの生産域とパワー関係

高度資本主義国家から高度情報主義国家への過渡的な世界秩序化は、パワー関係における地盤転移が、想像的な生産域／サービス生産域／言語・信仰生産域においておきていることを示してきた。この三つの生産域はそれぞれ経済化されているが、産業経済化では対応しきれない、根源的な「生存域」を領有しており、高度資本主義化を通じて統制しきれずにむしろ開放されてきたと考えるべきものがある。高度情報技術は、この高度化された生産域が自ら限界としてかかえていくものに、もともとの前古代的な存在の出現／再現が先進的に解決されていく道を示しているように思われる。それが、実現されるためには、何度ものべてきているように社会の実定化にかわって、場所の実定化が、非国家化による地球生命秩序化とともに探りだされていくことだ。

その媒介＝移行期に〈社会の非実定化〉をすすめる《社会環境設計》の役割がある。

パワー関係は、抑圧する力ではなく、さまざまな生産を可能にする力関係をいう。想像的生産においては、データ蓄積の力関係にかわって、情報生成のパワー関係の場が、述語的に切り拓かれていくこと。サービス生産の域においては、基本的必要をおしつけるサービス生産にかわって、ホスピタリティの相互的共存がなされる対関係が、効率性中心の力関係にかわって交通様式でつくりだされていくこと。言語生産の域においては、"nationality"というあいまいな画一的な共同性へ言語／意識が形成されていく力関係にかわって、言語表出資本の次元で異質なものが相反共存しあうコンビビアリティの限定空間がつくりだされていくパワー関係にかわっていくこと。

こうしたパワー関係の網の目において、力関係の共関がかわって、新たな設計原理が、前古代的な存在の顕在においてつくりだされていく問題域を示してきた。

(b)　アフガン戦争と高度秩序化

〈高度さ〉において、権力関係／パワー関係の場が、国家へ収束していた次元から場所ごとに存在する、地球へ開かれる次元へ飛躍してあること、それはより正確にいうと、「社会の実定化をすすめた国家秩序の場」から「場所の実定化をすすめる地球生命秩序の場」への転移といえる。パワーが働きあう諸関係の場が、地盤変えされたということだ。

ニューヨークの貿易センタービルへのテロとその後のアフガン戦争は、世界秩序の高度化へむけた限界を示す、きわめて象徴的な出来事を種々示していた。

まず、メディアは国際衛星放送を通じて、アフガンを攻撃する側からしか放映されえない。攻撃されている側からの放映は、地球メディアの現在性では存在しえないのだ。これが、反対側からも放映されるようになったとき、場所の実定化と地球秩序との本来的な相反共存性が生成したことになるが、国家の非国家化がなされないかぎりはありえない。

次に、アメリカ合衆国をはじめとする先進国連合は、反テロ・キャンペーンとして共謀しあい、相互の国家秩序を守りあうとともに、アフガンの難民や子どもたちにたいする福祉的なサービスの供給を主唱し、プロパガンダをうちつづけた。食料、医療の供給を保障するという主張である。このサービスが、アフガンの民衆のひとりひとりに絶対的にいきわたらないことは、すでに、後進諸国の産業化＝制度化の不可能さとして明確になっていることであるが、既成秩序を守るために、サービス／福祉の供給を主張することは絶対的にもとめられる。〈救ってあげる〉という救済イデオロギーが、基本的必要の充足として要されるためである。ここをネグレクトすると、国家秩序がくずれさってしまう。

そして、第三に、ブッシュは、つねに、キリスト教、イスラム教、あらゆる宗教・人種に敵対するものでないこと、あくまでもテロ撲滅であることを、何度も何度も強調しつづけたが、キリスト教的国家宗教の連合体であることは歴然としている。信仰を犯すものではないということの主張であるが、そこには、場所の民俗性に存在する民俗宗教への言及はない。あくまでも、国家的な宗教であり、国家的に表象される人種への言及であって、場所的エスニシティは、必然的に除外される。暗黙のうちに、国家秩序を守るという前提がとりいれられているからである。〝テロ〟の規定をめぐって国家軍隊をテロではないとする先進諸国と、それを認めないイスラム／アフガン諸国との対立はその証である。さらに、北部同盟をはじめ、さまざまな民族／民俗間の相互性には関与しないという立場を強調しているのも、それらが構成する国家秩序形成に重きをおいているからで、そこが外部からは空白化されるものであることも、今日のアフガン戦争は、はっきりと示した。

以上、想像生産／サービス生産／信仰表出の三つの次元で、アフガン戦争は高度国家の秩序維持が表明されるパワー関係を守る戦争表現として出現した。そのパワー関係において一つの国家／ナショナリティと多元的な場所／エスニシティとの対立が噴出している。

非国家化の歴史的な潮流にたいする超国家秩序からの国家戦略が徹底されている戦争であるといえる。アフガン側は、タリバンまでを含めて多民族の共存をはかる国家秩序を平和につくりあげるという形態で、戦争を終結させようとしているが、統一国家づくりによって、この問題は解決されない。場所性と民族性との混成的な関係秩序を、非国家的にどのようにつくりあげていくか、20世紀が解決しえなかったこれからの民族問題の最大の焦眉であるといえよう。

いずれにせよ、ブッシュ／アメリカとブレア／イギリスとを頂点にする白人国家間キリスト教連合は、バナキュラーな非国家的存在を解決しえないでいるアラブのイスラム連合にたいして、国家的共存をもとめこそすれ、それ以上のことはなしえない。自らの内部にいだく、インディアン／黒人のみならずプエルトリコやチカーノ問題、また、スコットランドやアイルランド問題にリンクする次元でのとりくみは、実は、アフガニスタンそのものと並存する問題であるのに、この次元での〈解〉はありえない〈戦争〉をしかけたのだ。〈高度さ〉の限界は、国際的に明示されてしまった。

(c)　場所政治の新しい設計原理

真理生産の域において、学校や医療の制度装置は、知の場を、「科学性 scientificity」においてきた。この、科学性は、生産性と客観性において補完されるものである。科学技術は、生産性を高めるものであり、客観化をすすめつつ主体化された適用を人間主義的に要請する。

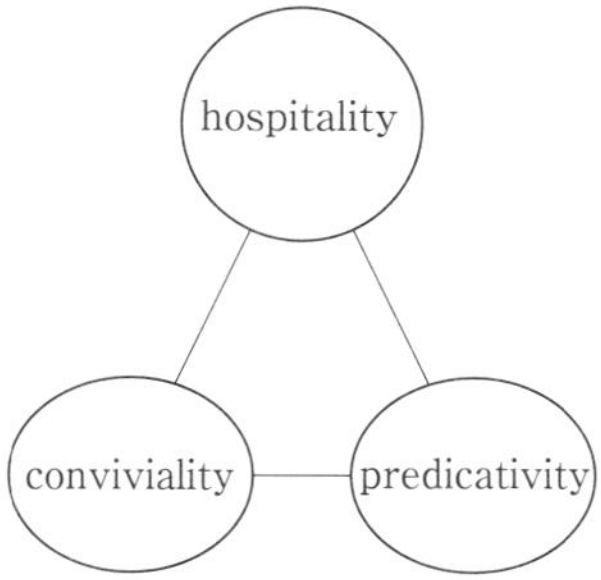

新しい設計原理

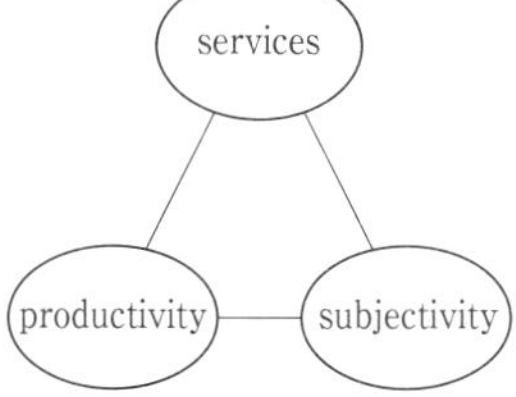

産業社会経済の設計原理

この域において、わたしは「ホスピタリティ hospitality」の設計原理を対置させたい。測定しえない、人と人、人と環界との間の、対的な「快」のコミュニケーションである。

権力／規範の域において、生産性に規律づけられたあり方にかわって、〝コンビビアリティ conviviality〟の設計原理を対置させたい。これは、すでに拙書にて十分論示されてきているので省略する。

そして、主体の域において、「主体性 subjectivity」にかわる「述語性 predicativity」を対置させたい。科学主義化された科学技術にかわって文化技術の述語性、述語的技術を開発することだ。

場所の政治経済は、この hospitality/conviviality/predicativity の三つの根本的な設計原理からつくりあげられていく。

この三つの原理は、〈高度さ〉によっては、実施されえないことが、はっきりしているのが、現在の《高度資本主義国家》から《高度情報主義国家》への過渡的移行を不可避にしている。

これらの社会的構成が、高度資本主義国家においてどのように表現構成されているかを、本章では整理してきた。

サービス社会域では、プロダクティビティの効率性にかわって主にホスピタリティの原理がとってかわられ、言語意識域では、ナショナリティの均質的な統一性にかわって、コンビビアリティの原理がとってかわり、情報交換域では、主語性にかわって述語性の原理（述語的技術）がとってかわられる、という設計学上の方向性を示してきた。これらは、総じて社会を実定化してきた原理にかわり、《社会を非実定化する》働きを、場所の実定化へとむけていくものである。

《主な参考文献》

第Ⅰ節

マーク・ポスター『情報様式論』（岩波書店）
ジョン・フィスク『テレビを〈読む〉』（未来社）
ジャック・ラカン『テレヴィジオン』（青土社）
ジャン・ボードリヤール『消費社会の神話と構造』『湾岸戦争は存在しなかった』（紀伊國屋書店出版部）
エルネスト・マンデル『後期資本主義論』（拓植書房）
ピエール・ブルデュー『ディスタンクシオン』（藤原書店）
マーシャル・サーリンズ『人類学と文化記号論』（法政大学出版局）
アルマンド・マッテラルト『多国籍企業と文化』（日本エディタースクール出版部）、『ドナルドダックを読む』（晶文社）
吉本隆明『ハイ・イメージ論』Ⅰ・Ⅱ・Ⅲ（福武文庫）
イバン・イリイチ『シャドウ・ワーク』（岩波書店）
フランク・ヴェブスター『情報社会を読む』（青土社）
ジョン・トムリンソン『グローバリゼーション』（青土社）
マイク・フェザーストン『消費文化とポストモダニズム』（恒星社厚生閣）
山本哲士『文化資本論』（新曜社）
Gary Genosko, *McLuhan and Baudrillard : The Masters of Implosion* (Routledge,1999)
Armand Mattelart, *Networking : The world 1794 - 2000* (University of Minnesota Press,2000)
Sally R.Munt(ed.), *Technospaces : inside the new media* (Continuum,2001)
Piere Bourdieu, *Sur la télévision : suivi de l'emprise du journalisme* (Liber,1996)
Manuel Castells, *The Information Age : Economy, Society and Culture*,vol Ⅰ. Ⅱ. Ⅲ. (Blackwell,1998)
Manuel Castells, *The Informational City* (Blackwell,1989)

第Ⅱ節

ピエール・ブルデュー『再生産』（藤原書店）
ルイ・アルチュセール『アルチュセールのイデオロギー論』（三元社）
イバン・イリイチ『エネルギーと公正』（晶文社）、『コンヴィヴィアリティ』（日本エディタースクール出版局）
ミシェル・フーコー『知への意志』『監獄の誕生』（新潮社）
マイケル・アップル『教育と権力』（日本エディタースクール出版部）
吉本隆明『共同幻想論』（角川文庫）
内田隆三『ミシェル・フーコー』（講談社新書）、『消費社会と権力』（岩波書店）
山本哲士『フーコー権力論入門』（日本エディタースクール出版部）
ニコス・プーランヴァス『グラムシを読む』（合同出版）
ジェイムズ・バカン『マネーの意味論』（青土社）
『エンデの遺言』（日本放送出版協会）
ナイジェル・ドット『貨幣の社会学』（青土社）

ピエール・クルソウスキー『生きた貨幣』（青土社）
モーリス・ゴドリエ『贈与の謎』（法政大学出版局）
カール・ポランニー『人間の経済』（岩波書店）
ジョン・アリ『観光のまなざし』（法政大学出版局）
山本哲士『場所環境の意志』（新曜社）
ジャック・デリダ『歓待について』（産業図書）

第Ⅲ節
小熊英二『単一民族神話の起源』（新曜社）
安田敏朗『帝国日本の言語編制』（世織書房）、『近代日本言語史再考』（三元社）、『〈国語〉と〈方言〉のあいだ』（人文書院）
藤井貞和『国文学の誕生』（三元社）
イ・ヨンスク『「国語」の思想』（岩波書店）
ベネディクト・アンダーソン『創造的共同体』（TBSブリタニカ）、『言語と権力』（日本エディタースクール出版部）
イバン・イリイチ『ABC』（岩波書店）、『テキストの麦畑』（法政大学出版局）
ピエール・ブルデュー『話すということのエコノミー』（藤原書店）
折口信夫『古代研究』（角川文庫）
赤坂憲雄『海の精神史』（小学館）
村井　紀『南島イデオロギーの発生』（太田出版）
石川九楊『二重言語国家・日本』（NHKブックス）
荒このみ／谷川道子編『境界の「言語」』（新曜社）

政治国家に対する場所政治——資本主義国家・社会主義国家をこえる政治

序論　現代政治理論の地平（『情況』別冊「現代社会学のトポス」一九九九年十二月号）
第Ⅰ部　都市・空間の政治学
第1章　都市の政治空間（『情況』一九九九年十一月号）
第2章　消費の政治空間
第3章　交通・学校・病院の政治空間
第Ⅱ部　国家・場所の政治学
第4章　場所政治の設計——国家の政治技術（前号）
第5章　権力関係・統治制の政治
第6章　高度情報資本主義国家論（本号）
第Ⅲ部　言語・身体の政治学
第7章　イデオロギーの政治
第8章　言語交換の政治
第9章　身体・性の政治
第Ⅳ部　民俗・エスニシティの政治学
第10章　ナショナリズムと浪漫主義の政治
第11章　民俗の文化政治
第12章　前古代のエスニシティ政治
第Ⅴ部　革命・反動の政治学
第13章　国家を非国家化する場所政治
第14章　社会を非実定化する環境政治
第15章　場所革命と共同体的反動
終章　政治的自律性の倫理と自由プラチック——「すべてが政治」から「すべてが経済」への自己技術

◉編集後記

本書は、『吉本隆明が語る戦後五五年』が吉本隆明自身が自らの思想の足跡を語ることを中心としているのに対して、吉本隆明の思想を研究することを核として編まれました。その意味から『吉本隆明が語る戦後五五年』の「別巻」として刊行するものです。

当面は年に二、三冊程度を刊行していきたいと考えております。また、『吉本隆明が語る戦後五五年』が一二号で終巻した以後は、引き続き独立した刊行物として出していければ幸いと考えております。

本書は内容的には、先に小社で刊行した『「文化資本」別冊1 場所 政治』を引き継ぐもので、今回発行形式を改めてこのような形にしました。したがって、『「文化資本」別冊』という形での刊行は前回限りとなりますのでご了承下さい。

[吉本隆明が語る戦後55年] 別巻
高度資本主義国家▶国家を超える場所

発行――●2002年7月1日　初版第1刷発行

著者――●吉本隆明／山本哲士
発行者――●高橋輝雄
発行所――◉株式会社三交社　〒101-0051 東京都千代田区神田神保町2-20
URL: www.sanko-sha.com　E-mail: info@sanko-sha.com
☎03 (3262) 5757　Fax: 03 (3237) 1898　振替00150-1-137056
装幀――●山田英春
印刷・製本――●株式会社野毛印刷

ISBN4-87919-213-9　C1330